가족각본

가 족 각 본

김지혜 지음

창비
Changbi Publishers

차례

프롤로그 **가족이라는 각본** ·7

1장 **왜 며느리가 남자면 안 될까** ·17

2장 **결혼과 출산의 절대공식** ·41

3장 **초대받지 않은 탄생, 허락받지 못한 출산** ·69

4장 **역할은 성별에 따라 평등하게?** ·95

5장 **가족각본을 배우는 성교육** ·121

6장 **가족각본은 불평등하다** ·147

7장 **각본 없는 가족** ·173

에필로그 **마피아 게임** ·201

주 ·212

가족각본

가족이라는
각본

가족이 견고한 각본 같다는 생각을 한다. 그 각본에 따라 우리는 태어나면서부터 딸 또는 아들로서의 역할을 기대받고, 성인이 되면서 아내와 남편, 어머니와 아버지, 며느리와 사위 등의 역할을 맡는다.

하지만 가족각본은 평소에 잘 드러나지 않는다. 대개의 경우 우리는 정해진 각본대로 따르는 걸 평범한 삶이라고 여기고 질문조차 하지 않는다. 익숙하고 당연하게, 때때로 버겁게 정해진 역할을 수행하느라 가족각본이 어떻게 쓰여 있는지 살피지 못한다. 다만 간혹 혼란을 경유해 가족각본의 실체가 감지된다. 가령 '성소수자' 혹은 '퀴어'queer라고 불리는 인물이 무대에 등장하는 거다. 이 낯선 인물의 등장이 가족각본에 당연하게 정해져 있는 역할을 '꼬이게' 만든다. 그때 우리는 우리의 가족 언어와 행위의 대부분이 성별에 기반한다는 걸 깨닫는다.

누군가 법적 성별을 바꾼다거나 동성의 애인과 결혼한다면, 가족에게 어떤 상황이 펼쳐질지 예상해보자. 일단 서로를 부를 때에 혼란이 생긴다. 평소에 잘 인식되지 않지만 가족의 명칭이나 호칭은 온통 성별을 전제로 한다. 누군가의 성별이 바뀌면 딸이 아들이 되고, 엄마가 아빠가 되고, 누나가 형이 된다. 호칭만 달라지는 게 아니라 기대도 달라진다. 가족 안에서 역할이 바뀐다는 말이다. 당연한 듯 이상한 일이다. 사람은 같은데 성별 하나로 가족 사이에서 바뀌는 게 정말 많다. 근본적으로 관계가 헷갈리기도 한다. 아들이 남자랑 결혼을 하면 며느리인가 사위인가. 이런 혼란을 받아들이기 어려워 누군가는 동성결혼을 반대한다며 이렇게 외친다. "며느리가 남자라니 웬 말이냐!"

2022년 4월 국회 앞에서 차별금지법 제정을 요구하며 미류 활동가와 이종걸 활동가가 단식 농성을 시작한 지 열흘 정도 지났을 무렵이다.[1] 지지 방문을 하러 동료들과 국회 앞으로 갔을 때, 무지개 빛깔로 장식된 농성 천막 옆으로 놓여 있는 동성결혼 반대 피켓의 행렬을 보았다. "우리 아이를 동성애자로 만들지 말아주십시오"라는 피켓과 "남자가 며느리? 여자가 사위?"라는 피켓이 담벼락에 기대어져 나란히 놓여 있었다. 한 사람은 국회 앞 횡단보도에 서서 "동성애 합법화로 가정을 파괴하려는 건강가정기본법개정안 절대반대"라는 피켓을 들고 있다.

'며느리가 남자라니!'라는 개탄의 구호를 처음 접한 것이 2007년 최초의 차별금지법이 발의될 즈음인데, 이 익숙하고 오래된 구호가 문득 흥미롭게 보였다. 가만 생각해보면 이상하지 않은가. 동성결혼을 반대하는 주장에 등장한 소재가 왜 하필 며느리였을까. 동성결혼이 인정되기까지 거센 반대를 겪는 일이야 한국도 여느 나라와 다를 것 없겠지만, 그렇다고 며느리와 사위가 이토록 핵심적인 반대 이유로 등장하는 나라가 있을까 싶다.

물론 동성결혼을 반대하는 다른 이유들도 있다. 사람들은 동성커플은 출산을 할 수 없으니 결혼을 할 수 없다거나, 아이는 엄마와 아빠가 모두 있어야 잘 자란다는 등의 이유도 이야기한다. 그런데 이런 이유들 역시 낯설게 보이기 시작했다. 성별 때문에 가족의 삶이 이렇게 달라지는 거라면, 우리에게 가족이란 어떤 것일까? 다시 말해서, 가족 안에서 우리의 관계와 역할은 왜 성별로 규정되며, 애초에 이 역할은 무엇을 위한 것인가?

성소수자의 등장은 가족각본에 혼란을 일으킨다. 그리고 그 혼란의 틈에서, 아니 그 혼란 덕분에, 가족각본이 모습을 드러내기 시작한다. 우리는 왜 '당연히' 결혼과 출산을 하나로 여기며 결혼 밖에서 태어난 사람을 '어쩔 수 없이' 차별하는가. 우리의 인생은 왜 '당연히' 어떤 부모를 만나느냐에 따라 결정되며,

양육자가 부와 모가 아닌 가족은 왜 '어쩔 수 없이' 불행한가. 왜 성별이 같은 사람은 가족을 이룰 수 없으며, 도대체 왜 며느리는 여자여야 하는가. 국회 앞에서 본 피켓처럼 성소수자가 가정을 파괴하지 않을까 하는 걱정이 생길 때 그 걱정을 비틀어, 그리하여 지키고자 하는 가족은 무엇인지 질문해보면 어떨까. 그렇게 당연하던 것들을 의심하다보면, 우리가 바라는 가족이 무엇인지도 알 수 있게 되지 않을까.

이 책은 성소수자 이슈가 만들어내는 균열을 좇아 한국의 가족제도를 추적한다. 사람들은 성소수자를 차별하면 안 된다고 말하면서도 온전히 받아들이기 어려워한다. 그래서 노골적으로 불쾌감을 표시하기도 하고 은밀히 껄끄러운 마음을 품기도 한다. 그런데 이런 불편한 마음이 기존의 가족제도와 충돌하기 때문이라면, 역으로 말해서 그 충돌의 지점에 가족각본이 있다는 뜻이 된다. 그 불편한 마음이 어디서 시작하는지 꼬리를 물고 질문하다보면, 그 끝에서 우리의 삶을 지배하는 각본을 만나게 되지 않을까 생각한다.

1장은 "며느리가 남자라니!"라는 구호를 시작으로 며느리가 남자이면 안 된다고 하는 이유를 파고든다. 가족각본에서 부여한 며느리의 역할이 무엇이고, 왜 하필 여성에게 그 역할을 안겼는지 질문한다. 그리고 생각한다. 혹시 며느리가 남자인 게 문제가 아니라, 며느리가 여자여야 하는 게 더 문제가 아닌가?

이어지는 2장에서는 동성커플은 출산을 할 수 없으니 결혼을 해서는 안 된다는 생각을 따라간다. 결혼을 하면 출산하는 게 당연하고, 결혼을 하지 않으면 출산해서는 안 된다고 여기는 결혼과 출산의 공식을 낯설게 본다. 무엇을 위해 만들어진 공식인지, 동성결혼과 비혼출산처럼 그 공식을 깬 후의 세상은 어떨지, 금기 너머에 있는 세상을 본다.

출산을 할 수 있어도 못하게 만드는 일도 있다. 3장은 공문서에서 트랜스젠더의 성별을 변경하는 조건으로 불임을 강제하는 공권력에 대해 생각한다. 어떤 사람들의 출산과 출생은 바람직하지 않다고 여겨온 역사 속에서 국가가 가족각본에 맞지 않는 이들을 추방한 잔인한 과거를 만난다.

4장은 동성커플이 키우는 아이는 불행할 것이라 염려하는 마음을 돌아본다. 아이에겐 엄마와 아빠가 있어야 한다는 익숙한 생각을 들추어, 여성과 남성의 역할이 따로 정해져 있다는 관념과 현실을 발견한다. 사람들이 성별로 구분된 역할을 수행하는 사회에서 성평등의 실현은 가능할까? 동성커플의 등장으로 성별분업이 해체된 가족은 어떨지 가늠해본다.

가족각본은 도덕적이고 규범적인 질서가 되어 한국사회가 급변하는 동안에도 면면히 유지되어왔다. 가족각본을 일탈한 이들에게는 가족과 학교의 명예를 훼손한 죄를 물으면서 혹독한 낙인과 징벌이 따르곤 했다. 5장에서는 특히 성교육이 가족질서를 유지하는 규율로서 작동하였음을 본다.

6장에서는 가족각본을 공식화하고 보호하는 법제도를 살핀다. 법이 가정하는 경직된 가족각본이 가족에 따른 불평등을 만들고, 실제로 삶을 함께 나누는 사람들을 보호하지 못한다면 어떻게 해야 할까? 한국사회가 애써 지키는 가족각본이 누구를 위한 것인지 묻는다.

마지막 7장에서는 가족각본을 넘어선 가족과 제도를 상상한다. 성소수자도 행복한 가족생활을 꿈꿀 수 있는 사회가 된다는 건 다른 모두에게 어떤 의미인지 생각한다. 헌법 제36조 제1항이 보장하는 가족생활이 모든 사람의 권리라면, 고정된 하나의 가족각본에 사람을 끼워 맞추라는 뜻은 아니지 않을까 생각한다.

가족은 태어날 때부터 정해지는, 개인이 선택할 수 없는 것으로 여겨지곤 한다. 그렇기에 가족제도의 불합리함과 그로 인한 불평등은 개인의 책임이나 운으로 돌려진다. 그런데 그렇게 생각하기에는 우리 삶에서 가족은—당신이 누구를 떠올리든, 그 의미가 무엇이든—너무 중요하지 않은가. 그러니 우리가 붙들고 있는 '가족'이 무엇인지 우선 들여다보면 좋겠다.

이 책을 쓰는 작업은 사회제도이자 구조로서의 가족을 이해하기 위한 나의 프로젝트이기도 했다. 수많은 연구자와 활동가들이 그동안 현장에서 탐구하고 발견하면서 쌓아온 논의를 공부하며 배웠다. 성소수자와 가족이라는 이 어려운 주제를 좀더 폭넓게 이해하고 새로운 시각에서 바라볼 수 있게 가르침을 주신 모든 연구자와 활동가 들께 깊은 존경과 감사를 드린다. 이 책에 남아 있을 부족함은 모두 나의 탓이다.

특별히 원고를 위해 소중한 자문을 주신 김예영 선생님, 나영정(타리) 선생님, 이유나 선생님, 조은주 선생님, 번뜩이는 통찰을 나누어주신 강릉원주대 다문화학과 '여성과 사회' 수강생들, 예리한 조언과 변함없는 응원으로 힘을 주신 최지수 팀장님과 창비 편집부, 살아 있는 이야기로 표지와 본문을 만들어주신 규하나 작가님과 신나라 디자이너님, 고민의 과정을 함께하며 생각을 정리하게 도와준 현경, 그리고 작업의 고비마다 따뜻한 위로를 준 고양이들에게 감사를 전한다.

미리 독자들께 양해를 구하며 말하지만, 이 책은 가족각본에 관한 무수한 의심과 질문을 던질 뿐 해답을 주지는 못할 것이다. 그래도 함께 가족각본을 똑바로 마주한다면, 엉켜 있는 질문들을 풀어낼 가닥을 조금이나마 찾을 수 있으리라 희망한다.

1장

왜 며느리가
남자면
안 될까

구호의 등장

"며느리가 남자라니!"

2007년 11월 과천 정부종합청사 앞에 "절대반대, 동성애 허용 법안"이라는 피켓이 등장했다. '절대반대'의 대상은 십수년이 지난 지금까지도 입법에 실패하고 있는 차별금지법이었다. 당시 법무부가 차별금지법을 입법 예고하자, 이를 '동성애 허용 법안'이라고 부르며 법무부 앞에서 반대 시위를 벌이는 사람들이 나타났다. 이때 불쑥 등장한 구호가 "며느리가 남자라니"였다. 이 구호의 생명력이 이렇게 길 줄은, 그때는 예상하지 못했다.

이 구호는 2010년 한 일간지의 1면 광고에 실리면서 널리 알려지게 되었다.[1] SBS 드라마 「인생은 아름다워」에서 정말로 '며느리가 남자가 되는' 게이커플이 등장했기 때문이다. 이 드라마는 당시 가족드라마로 높은 시청률을 보증해온 김수현 작가가 쓴 작품으로, SBS가 3월부터 11월까지 63부작에 걸쳐 토요일과 일요일 밤 10시에 방영해 20퍼센트 정도의 시청률을 기록하고 있었다.

김수현 작가는 이 드라마에서 가족갈등 요소의 하나로 가족 중에 게이가 있다는 설정을 넣었다. 드라마의 배경이 되는 가족은 4대가 함께 사는 대가족이고, 장손인 태섭(송창의 분)과 경수(이상우 분)가 연인으로 나온다. 각각 내과 의사와 사진작가이기도 한 소위 "집안 좋고 직업도 좋은 꽃미남"[2] 게이커플이 커밍아웃을 하면서 갈등이 시작되지만, 결국 이들의 행복을 바라는 마음으로 가족들이 커플을 받아들이면서 드라마는 화목한 결말을 맞는다.

신문 광고는 드라마가 초반을 넘어서고 있던 5월에 게재되었다. '며느리가 남자라니 동성애가 웬 말이냐!'는 한탄 섞인 제목으로 시작해, "동성애는 가정과 사회와 국가를 무너뜨립니다"라고 말하며, "SBS 시청거부 운동 및 광고안내기 운동을 시작"한다고 했다. 같은 시기 '"며느리가 남자라니…" 드라마의 일탈'이라는 제목의 한 신문 사설에서는 "동성애는 궁극적으로 가정과 사회와 국가를 무너뜨리는 악이다"라며 개탄했다.[3] "한국 전통

20

을 지켜서 동성애로 고통받지 않고 타락하지 않은 일류 국가를 만들자"는 '한국적인 반대'가 제기된 것이었다.[4]

실제로 동성애에 대한 한국의 수용도는 다른 소위 선진국과 비교해 매우 낮다. 세계 각국의 동성애 수용도를 1점(절대 정당화될 수 없음)부터 10점(언제나 정당화될 수 있음)으로 주기적으로 측정하는 조사가 있다.[5] 최근의 조사 결과(2017~22년)에서 한국의 동성애 수용도는 3.2점이었다. 2001년 3점이었는데 20여 년 동안 겨우 0.2점 증가했다. 이에 비해 네덜란드는 9점으로 거의 완전 수용에 가깝고, 덴마크 8.8점, 영국 7.9점, 프랑스 6.8점, 미국 6.2점 등이었다. 일본은 2000년에 4점이었던 데서 6.7점으로 상승했다. 경제협력개발기구^{OECD} 32개국의 평균은 6점으로, 한국은 이 중 30위다.[6]

OECD 평균이 한국에 비해 높기는 하지만 아직 10점의 절반을 조금 넘긴 것을 보면, 동성애를 낯설고 불편하게 느끼는 감정이 한국사회의 일만은 아닐 것이다. 그렇다고 해도 한국의 광장에서 등장한 '며느리'로 시작하는 이 구호는 상당히 독특하고 괴이한 측면이 있다. 동성애를 반대하며 내세울 수 있었던 구호 중왜 하필 '며느리가 남자라니'가 선택되었을까? 신문 광고나 사설에서 다른 반대의 이유도 제기되었지만, 가장 크게 각인된 구호는 단연 '며느리가 남자라니'라는 문구였다.

적어도 한가지는 분명해 보인다. 아마도 '며느리가 남자'라는 것이 동성애의 '위험성'을 알리는 간단하면서 위협적인 표현이라고 생각되었을 것이다. 사람들로 하여금 '가정과 사회와 국가를 무너뜨리는' 수준의 일이라고 느끼게 만들 정도로 말이다. 이 문구가 최근까지도 성소수자 반대 시위에 자주 등장한다. 이 구호를 처음 접했던 당시에는 그저 스쳐 지나갔었는데, 이제 와 돌이켜보니 궁금해진다. 며느리가 남자면, 도대체 무슨 일이 일어나는 걸까? 더 정확히는, 왜 하필 며느리가 문제일까?

며느리가 뭐길래

사전적으로 '며느리'는 "아들의 아내"를 지칭한다. 시부모의 입장에서 아들이 결혼한 상대를 부르는 명칭이다. 며느리란 말은 적어도 15세기에 출현한 꽤 오래된 말이다. '며늘'이라는 말이 15세기 문헌에 함께 나타나고 16~19세기에는 '며느리'란 형태도 나타났다고 한다.[7] 기원적으로는 '며늘'과 접미사 '-이'의 결합으로 보는데, 핵심적인 단어인 '며늘'의 의미가 밝혀지지 않았다. 며느리라는 말의 어원이 무엇인지 논쟁이 있지만, 지금으로서는 그 의미를 분명하게 알 수 없다고 한다.[8]

한자로 며느리 '부婦'에 대한 해석은 좀더 구체적이다. 손에 빗

자루(帚, 빗자루 추)를 들고 집 안을 청소하는 여자(女)를 형상화한 글자라고 한다.[9] 그런데 이 글자는 며느리만 뜻하는 게 아니라 아내 또는 여자라는 의미로도 사용된다. 시어머니와 며느리를 뜻하는 고부姑婦에도 사용되지만, 남편과 아내를 가리키는 부부夫婦나 결혼한 여자나 성숙한 여자를 일컫는 부녀婦女에도 사용된다. 부婦라는 단어는 며느리를 고유하게 지칭한다기보다는 여성을 가족 내의 지위로 호명하는 말의 하나로 이해된다.

한 사회에서 친족용어가 발달하는 방식을 단지 우연으로 볼일은 아니다. 친족을 부르는 명칭과 호칭은 그 사회의 문화를 반영한다. 사회언어학자들은 친족용어를 통해 그 사회의 가족관계를 분석한다. 한국어에서 친족용어는 아내와 남편 사이에 비대칭성이 두드러진다. 가령 한국어로 남편의 부모와 아내의 부모를 지칭하는 말은 각각 '시부모'와 '장인·장모'로 구별되지만, 같은 동아시아 문화권인 일본어에서는 남편의 부모와 아내의 부모를 가리키는 용어가 동일하다. 직접 상대의 부모를 부를 때도 한국어에서는 아내가 시부모에게 '아버님' '어머님'이라고 하고 남편은 장인·장모에게 '장인어른' '장모님'이라고 달리 부르는 경우가 대부분이다. 이에 비해 일본어에서는 아내와 남편이 상대의 부모에게 같은 호칭을 사용한다.[10]

'며느리'란 용어 역시 비대칭적인 친족용어다. 남자 쪽의 부모는 자식의 배우자를 며느리라 부르고, 여자 쪽의 부모는 자식의 배우자를 사위라고 부른다. 그런데 그저 사람의 성별을 표시하느라 '며느리'와 '사위'를 구분해서 부른 것 같지 않다. 두 단어가 굳이 다르게 발달한 사회문화적 맥락을 보면, 이 구분이 단지 성별이 아니라 가족 내 역할의 차이를 내포함을 짐작할 수 있다. 한국학중앙연구원에서 발간하는 『한국민족문화대백과사전』에서는 전통적인 의미의 '며느리'에 관해 이렇게 설명한다.

> 며느리의 도리 첫째는 시부모에게 효도해야 하고 집안을 화목하게 이끌어야 한다. 이를 위해서는 남편에 대한 질투를 버려야 하고, 멀고 가까운 친척들을 아끼고 섬겨야 한다. 둘째는 집안 제사를 받드는 일과 손님 대접에 정성을 다해야 한다. (…) 셋째는 밤낮으로 부지런히 바느질·길쌈·누에치기·음식 마련에 힘을 써야 하고, 일상의 살림살이에 근검·절약해야 한다.[11]

며느리가 담당해야 하는 역할이, 마치 어느 회사의 업무분장표를 보는 듯하다. '며느리'라는 것이 단순히 아들의 아내라는 가족 내 관계를 지칭하는 게 아니라, 미리 부여된 업무를 담당하는 가족 내 '직위'임을 알 수 있게 한다. 그리고 그 역할은 결코 간단치 않다. 시부모에게 효도하기, 집안을 화목하게 이끌기, 친척들을 아끼고 섬기기, 집안 제사 받들기, 정성을 다해 손님 대접하기, 가사노동에 힘쓰기, 살림살이에 근검절약하기 등, 집 안팎의 사람을 만족스럽게 대접하고 갈등을 예방하고 해결하며 행사를 주관하면서도 비용을 절약해야 하는 고도의 능력이 필요한 역할이다.

이 정도 범위와 강도의 업무를 담당하는 역할이라면 회사에서 어느 정도의 지위를 가질까? 직원을 관리하면서 고객을 응대하고 예산도 총괄하며 행사도 주최하는 수준이니, 공공기관이나 시민단체로 치면 사무처장 정도일 것 같고, 기업으로 치면 전무이사 정도가 되지 않을까 싶다. 소규모의 사업장이라면 사장님이거나 적어도 실무 최고관리자가 될 법한 역할이다.

며느리가 가족에서 담당하는 역할이 중요해서 그런지, 며느리 설화를 보면 며느리 때문에 집안 전체가 흥하기도 하고 망하기도 하는 내용이 많다. 대표적인 며느리 설화로 채집되는 「명당을 망친 며느리」 이야기가 그러하다. 구전으로 전해지는 이야기이니 지역마다 세세한 부분의 차이는 있지만 대략 설화는 이렇게 전개된다.

큰 부잣집이 길가에 있어 손님이 많이 찾아오니 며느리가 손님을 계속 치다꺼리해야 했다. 어느 날 시주를 하라고 찾아온 승

려에게 며느리가 손님을 치르는 일이 너무 힘들어 도저히 못살 겠다고 하소연을 했다. 그러자 승려가 방법이 있다고 하며 냇물을 막아 논을 만들라고 했다. 며느리가 그대로 하자 명당이 훼손되어 결국 집안이 망했다.[12]

설화의 요점은, 며느리가 노동이 고되다고 하여 손님 대접을 싫다 하면 그 화가 자신을 포함한 온 집안에 미친다는 것이다. 며느리가 된 사람은 힘들어도 묵묵히 손님을 맞이하는 태도를 지녀야 한다는 것을 알려주는 교훈이거나, 혹은 그런 며느리를 들여야 집안에 복이 있다는 의미이기도 하다. 며느리 때문에 망하는 집안의 이야기만큼, 현명하고 부지런한 며느리 덕에 집안이 흥하는 설화도 많다.

한 집안의 흥망성쇠가 며느리에 달린 만큼, 며느리 고르기에서 능력은 중요한 요소였던 것으로 보인다. 박현숙은 「사위 고르기」 설화와 「며느리 고르기」 설화를 비교하여, '좋은' 사위와 며느리에 대한 인식이 어떻게 다른지 분석했다.[13] 자식의 배우자가 좋은 사람이었으면 하는 바람은 같겠지만, 어떤 자질이나 성품이 좋은지에 대한 상이한 가치기준이 설화에 나타난다고 보았다.

두 설화는 모두 심판자를 아버지로 하여 자식의 배우자를 구하는 일종의 공개모집으로 시작되는데, 그 선발기준이 다르다.

사위 고르기 설화에서 도전과제는 '거짓말 세마디를 성공하기'다. 심판자인 아버지는 응시자의 말에 무조건 '거짓말이 아니다'라며 족족 탈락시킨다. 그러다 한 응시자가 '선대에 빌려줬던 돈을 환수하러 왔다'고 말하자 어쩔 수 없이 거짓말이라고 인정하여 사위를 삼는다.

며느리 고르기 설화의 도전과제는 좀더 무겁고 현실적이다. '쌀 서말로 세 식구와 석달을 지내기'에 성공해야 하는 과제다. 설화에서는 한 응시자가 쌀로 잔뜩 밥과 떡을 해 먹은 후, 남종에게 나무를 하게 시키고 여종과 자신은 길쌈을 하고 나물을 캐어 시장에 내다 팔아 재산을 증식해 며느리로 발탁된다. 이 과제를 수행하는 기간이 설화에 따라 조금 차이가 있는데, 길게는 일년인 경우도 있다고 한다.[14]

예능으로 치면 '사위 고르기'는 단발성 순발력 테스트에 가깝고, '며느리 고르기'는 장기전인 서바이벌 리얼리티쇼에 가깝다. 설화 속에서 좋은 사윗감은 재치가 있는 사람인 데 비해, 좋은 며느릿감은 척박한 환경에서 살아남을 수 있는 생활능력, 영리함, 리더십, 경제적 수완 등 다방면의 능력을 가진 사람이다.

그러니 '며느리'를 '아들의 아내'라고 정의하는 것은 그 의미의 절반도 표현하지 못하는 듯하다. 전통적인 의미의 며느리는 단순히 아들의 아내로서의 지위가 아니라 집안 전체에서 특수한 임무를 부여받은 직책을 뜻하는 말이다. 집안 내 며느리의 서열을 잠시 잊고 그 기대되는 역할만 본다면, 며느리를 맞는다는 건 전문경영인을 모셔오는 일과 같은 수준의 대사大事인 것이다.

며느리가 여성인 이유

가족을 구성하는 원리는 동서를 막론하고 오랫동안 남성을 주축으로 하는 가부장제였다. 가부장제란 사전적으로 "가부장이 가족에 대한 지배권을 행사하는 가족 형태 또는 그런 지배 형태"[15]로 정의된다. 여기서 '지배'라는 단어가 오늘날의 감각에 강하게 들릴 수 있다. 하지만 애초에 가족이 가장에 의한 절대적인 통치구조로 만들어졌음을 생각하면 이런 표현이 이해된다.

가족을 의미하는 영어 패밀리family의 어원인 라틴어 파밀리아familia는 '가장에게 속한 소유물'을 뜻했다.[16] 중세시대 파밀리아에는 아내, 자식, 노예가 포함되었다. 가장paterfamilias은 스스로 소유물이 될 수 없으므로 파밀리아에 속하지 않았다. 그러니 '가족'이란 오늘날의 의미와 같은 공동체 단위가 아니었다. 당시 인구의 대부분을 차지한 가난한 사람이나 노예의 경우는, 그들이 함께 살고 있는 사람들을 가족이라 일컫지 않았다. 기원적으로 가족은 엘리트 계층이 지배하는 소유물을 지칭하는 의미였다.

한국의 유교 가부장제 역시 남성 중심의 지배구조라는 점에서 로마시대의 가부장제와 같다. 조선시대 후기 유교적 관념이 정착하면서 여성과 자식은 독립적인 인격체로서 권리를 갖지 못하고 가장에게 부속되어 절대적인 복종을 요구받았다.[17] 하지만 한국의 가부장제가 서구의 가부장제와 완전히 같다고 할 수는 없다. 유교 가부장제에서 정한 위계는 더 넓고 길고 촘촘해 보인다. 현재의 대가족을 포함해 오래전 사망한 선대에서 아직 오지 않은 후대로 이어지는 관계이니 말이다.

유교적 가족은 세속적인 가족제도를 넘어선 종교적 관념을 바탕으로 한다. 조상숭배를 바탕으로 가문의 영속성을 추구하는 것이다.[18] 이런 사상에서 출발한 한국의 유교 가부장제는 남계혈통을 따라 구성원들을 남성과의 관계, 성별, 출생순서 등으로 정교하게 정리했다. 사실 이런 가족관계를 설명하는 데는, 상호적인 의미의 '관계'라는 표현보다는 위계에 따른 복종을 의무로서 규정한 '질서'라는 말이 더욱 적합하다. 그러니 구성원들은 누가 나의 위인지 아래인지를 먼저 살펴야 하는 것은 기본이고, 복잡한 가족명칭과 호칭, 존댓말과 반말을 배워야 한다. 인간으로서의 도리와 예절을 지키기 위해서다.

가문의 관점에서 보면 며느리의 의미가 더욱 분명해진다. 앞에서 '며느리의 도리'가 업무분장처럼 기술된 것을 보면, 여성에게 결혼이란 며느리라는 직책을 맡는 것에 가깝지 개인의 행복이나 애정과는 별 상관이 없음을 알 수 있다. 어쩌면 아들의 아내라서 며느리가 된 것이 아니라, 며느리가 아들의 아내를 겸한다고 말하는 편이 더 정확할지 모르겠다. 며느리의 존재는 시아버지로 대표되는 가문을 위해 중요하고, 그렇다면 며느리 선택에 대한 시부모의 관여 정도는 최소한 남편만큼이거나 그 이상일 수밖에 없다.

실제로 한국에서 혼인은 꽤 오랫동안 당사자가 아니라 부모가 결정하는 사안이었다. 조선시대에는 정혼이라 하여 부모나 조부모 등 주혼자主婚者의 합의로 혼인이 이루어졌다.[19] 정혼을 한 사람은 정혼자 말고 다른 사람과 결혼할 수 없었고, 정혼자가 아닌 다른 사람과 성혼하면 주혼자가 처벌받기도 했다. 정혼이 대개 어린 나이에 이루어지고 자식이 부모의 뜻을 거슬러 다른 사람과 혼인을 할 수 없으니, 당사자의 의사는 사실상 무의미했다.

혼인에 미치는 부모의 영향력은 조선시대 이후에도 계속되었다. 일제는 조선의 관습을 따른다고 하며 혼인에 부모의 동의를 요구했고, 이것이 해방 이후 제정된 민법으로 이어졌다.[20] 다만 과거에는 연령과 관계없이 부모의 동의가 필요했다면, 1958년 제정된 민법 제808조 제1항은 "남자 27세, 여자 23세 미만인 자가 혼인할 때에는 부모의 동의를 얻어야 하며 부모 중 일방이 동의권을 행사할 수 없는 때에는 다른 일방의 동의를 얻어야 한다"라고 하여 연령제한을 두었다. 이 규정이 미성년자의 경우에 부모의 동의를 얻도록 개정되어 1979년 1월부터 시행되었다.[21]

서구 중세시대에도 부모의 권위를 중요시하며 혼인의 조건으로 부모의 동의를 요구하는 문제에 대해 논쟁이 벌어졌다. 하지만 당시 지배적인 종교인 가톨릭은 유교와 사뭇 다른 입장이었다. 16세기 중반 트리엔트 공의회에서의 격렬한 논쟁 끝에, 가톨릭교회는 자유로운 개인의 동의를 중시하는 교리를 고수하면서 부모의 동의 요건을 채택하지 않았다.[22] 윌리엄 셰익스피어의 희곡 「로미오와 줄리엣」은 트리엔트 공의회가 열리기 전 이탈리아 배경의 이야기에서 기원한 것으로, 당시 자식의 결혼을 통제하고자 했던 부모들의 거센 욕망과 긴장을 드러낸다.[23]

한편 종교개혁으로 등장한 개신교는 최소한 미성년자의 결혼에 부모의 동의가 필요하다는 입장을 표명하였고, 인본주의자와 가톨릭 개혁가들 사이에서도 결혼에 대한 부모의 권한을 강화해야 한다는 주장이 점차 힘을 얻었다.[24] 더 나아가 국가가 결혼을 교회의 권력에서 분리시켜 직접 통치하기 시작했다. 프랑스는 1556년 국왕 칙령으로 성년 나이를 여성 25세, 남성 30세로 상향하고 미성년자의 결혼에 부모의 동의를 요구했다고 한다.[25] 자식의 결혼에 영향력을 행사하려는 부모의 욕망이 종교적 교리를 뛰어넘었다. 처음부터 개인보다 가문이 중심이었던 한국의 유교적 교리에서는 나타나지 않는 충돌이었다.

역사적으로 남성을 중심으로 한 가부장제가 구축되고, 가부장제 안에서 여성이 독립적인 권리를 행사할 수 없는 소유물로 여겨졌다는 점에서 보면, 한국의 경험이 서구와 다르지 않다. 서구에서나 한국에서나 가부장제 안에서 여성은 예속된 상태에서 순종을 요구받았다. 하지만 한국의 유교 가부장제에서 결혼한 여성은 남편의 지배를 받는 아내로서의 지위에 한정되지 않고, 시부모의 지배를 받는 며느리로서의 지위를 가졌다. 물론 시대와 지역에 따라 다양하게 변해온 가족관계를 단순 비교할 수는 없지만, 한국의 가족제도에서 '며느리'란 지위의 특이성을 간과해서도 안 될 듯하다.

앞에서 보았듯 며느리는 그 역할이 중대했다. 그런데 지위가 낮다는 점에서 모순이 있었다. 며느리의 지위는 남편을 따라 정해지지만 남편과 동등한 지위가 아니다. 가령 며느리는 남편의 동생을 동생 대하듯 할 수 없다. 남편의 동생이면 자신보다 어려도 존대해야 한다. 유독 '도련님/서방님' '아가씨'라는 호칭과 존대법이 오늘날 문제되는 것도 이러한 이유다. 반면 남편은 아내의 동생에게 같은 수준의 존대를 할 것을 요구받지 않는다는 점에서 비대칭적인 위계가 확연히 드러난다. 도련님이 결혼하면 여성인 며느리끼리는 서열이 생기겠지만, 아가씨의 배우자인 남성은 집안의 사위로서 위계체계가 다르다.

성별에 따라 정해지는 이 모든 가족질서는 '자연스러움'과 거리가 멀다. 인위적으로 정교하게 기획해놓은 틀에 사람을 끼워맞춘 것이지, 사람의 본성에 충실하게 만들어진 질서라고 할 수 없다. 근본적으로, 왜 가족제도가 남성을 중심으로 발달해야 했을까? 전세계적으로 나타난 이 현상에 대해 유발 하라리^{Yuval Noah Harari}는 『사피엔스』^{Sapiens}에서 "현재로서는 명확한 답이 없다"고 말한다.[26] 남성이 힘이 더 세다거나 공격적이라는 것은, 실제로 사회적 능력이 신체적 조건에 좌우되지 않는다는 점에서 경험적 증거라기보단 신화에 가깝다.[27]

마찬가지로 왜 여성이 복종하는 지위에 있어야 했는지에 대해서도 합당한 설명이 없다. 유교에서 남존여비男尊女卑는 사실이 아니라 하나의 교리였다. 남자는 하늘이고 여자는 땅이라는 말로, 남자는 높고 여자는 낮은 것이 "자연의 이치"라고 했다.[28] 그러니 여자는 남자를 따라야 한다며, "결혼하기 전에는 아버지를, 결혼해서는 남편을, 남편이 죽으면 자식을 따라야 한다"는 삼종지도三從之道의 도덕규범이 나왔다.[29] 이제 모든 사람이 평등함을 원칙으로 하는 시대에 사람들의 삶을 지배하는 원리로서 더이상 유효하지 않은 규범이다.

그렇다면 며느리가 반드시 여성이어야 할 이유도 모르겠다. 현대사회에서 추구하는 평등은, 성별을 이유로 결정되는 지위를 거부한다. 가족 내 지위라고 해서 다르지 않다. 가족은 일반적인 사회제도와 다른 '자연'의 영역이라고 말하기엔, 전통으로 내려오는 가족제도가 너무나 작위적이다. 익숙해서 '자연스럽다'고 말할 수는 있겠지만, 그것이 '자연의 이치'라거나 '순리'라고 말하기엔 근거가 취약하다. '며느리가 남자라니'라고 개탄하기보다, 왜 며느리가 여성이어야 하는지 물어야 하지 않을까?

평등을 위한 해체

18세기 말, 여성의 삶을 가족에 종속시키는 사회를 비판하면서 등장한 페미니즘 초기 저서의 표현은 강렬하다. 메리 울스턴크래프트Mary Wollstonecraft는 1792년 『여성의 권리 옹호』A Vindication of the Rights of Woman에서 '미덕'의 이름으로 작용하는 종속의 기제를 비판한다. 여성의 온화함과 온순함을 칭송하는 사회적 조건이 "여성들의 지성은 짓밟고 여성들의 감각은 예민하게 함으로써 여성들을 노예화"[30]한다고 비판한다. 인간을 종속시키는 힘은 물리력만이 아니라, 순종을 여성의 가치로 미화하는 사회적 규범 속에도 숨어 있다는 지적이다.

존 스튜어트 밀John Stuart Mill은 1869년에 발간된 『여성의 종속』 The Subjection of Women에서 "실질적으로 결혼제도야말로 우리 법체계 안에서 발견되는 유일한 노예제라고 해도 과언이 아니다"[31]라고 직설한다. 그런데 여성에게 강요된 "족쇄는 그 성질이 다르다"라고 말한다. 여성이 "강요에 의한 노예"가 아니라 스스로 "자발적인 노예가 되어주기를" 바라며 "혼을 지배"하는 방식으로 작동한다고 말한다.[32] 온순하고 고분고분한 것을 미덕이라고 여기게 만듦으로써 스스로 타인의 삶에 종속되도록 만든다는 것이다.

가족 내의 여성을 노예와 같은 처지로 비유하는 이런 지적이 당시의 종교적·도덕적 관점에서 용납되기는 어려웠을 것이다. 서구의 기독교 전통에서 "아내 된 사람들은 주님께 순종하듯 자기 남편에게 순종하십시오"(에페소서 5:22)라는 성경 구절은 가족 질서의 근본처럼 여겨졌을 터이다. 가족제도에 대한 도전은 종교적·도덕적 의무에 대한 저항이라 더욱 힘든 일이었다. 그래서 밀은 변화의 근거를 기독교 정신에서 끌어오기도 한다. 강자가 약자를 지배하는 "힘의 법칙"이 아니라 서로 동등한 권리를 누리도록 하는 "정의의 법칙"이 기독교 법칙이기도 하다며, 기존의 도덕률에 맞서 평등한 가족관계를 만들자고 주장한다.[33]

한국의 유교 가부장제도 종교와 도덕의 관념으로 여성의 종속을 정당화했다. 장경섭은 유교적 가족문화가 근대로 이어지고 보편화되면서 "여성이 혼인제도를 통해 가부장적 가족들 사이에서 유사 노비적 존재로서 '교환'되는 측면"이 있었다고 말한다.[34] '유사 노비'가 가혹한 표현이라 생각될 수 있지만, 그만큼 유교 가부장제 안에서 여성은 혼인을 통해 출구 없는 노동을 요구받았다. 여성은 아내이자 며느리로서 '도리'와 '예절'을 이유로 위계에 순응하며 복종의 의무를 받아들였고, 자신도 아들을 낳아 시어머니가 되는 과정을 당연하게 여김으로써 유교적 가족문화를 지속시키는 일부가 되었다.

다만 여성의 지위가 종속적이었다고 그 역할이 수동적이었다고 할 수는 없다. 전통적으로 아내이자 며느리에게는 높은 수준의 대처능력과 판단력이 요구되었고, 어려움 속에서도 가족들을 이끌고 어르고 돌보며 이들의 생존을 가능케 하는 관리능력과 경제적 수완이 기대되었으니 말이다. 주도성이 요구되는 종속 상태라는 모순적인 위치. 이러한 모순은 남성의 역할에서도 나타난다. 남성에게 기대되는 역할은 사회적 출세인데, 이를 이루지 못했을 때 가족 내의 권위는 형식만 남는다. 권력을 가지지만 생활에서 무력한 수동적인 상태를 경험한다.

유교 가부장제는 이렇게 중첩되고 충돌하는 모순 속에서 시대에 따라 변형되면서도 끈질기게 유지되었다. 부계 중심의 가족제도는 일제강점기에 일본의 가[※] 제도가 이식되며 호주제로 법제화되었고, 호주제는 2005년에야 헌법재판소의 헌법불합치 결정으로 폐지되었다.[35] 호주제는 호주승계 순위를 아들-딸(미혼)-처-어머니-며느리 순으로 정하는 등 남성을 중심으로 가족 구성원을 종속적으로 배열한 가족제도로서, 헌법이 요구하는 평등한 가족관계에 부합하지 않았다. 정작 한국에 호주제를 도입시킨 일본은 1947년에 이를 폐지했으니, 한국의 호주제는 폐지되기까지 꽤 오랫동안 세계에서 유일한 가족제도였다고 기록된다.[36]

오늘날 한국사회의 가족은 얼마나 달라졌을까? 물론 예전과 비교하자면 제도적으로나 문화적으로 많은 변화가 있다. 하지만 여전히 결혼은 집안의 결합으로 여겨지고, 결혼을 통해 부모에게 효도한다는 관념도 남아 있는 듯하다. 아직도 때마다 찾아오는 명절은 가족갈등이 촉발되는 위기가 된다. 수신지 작가의 웹툰 『며느라기』(2017)나 선호빈 감독의 다큐멘터리 「B급 며느리」(2018)와 같은 작품들이 며느리에 대한 기대를 비판하고 그에 저항하며 호응을 얻는다. 전통적인 가족질서를 둘러싼 긴장이 곳곳에서 치열하게 격돌하고 있다.

며느리에 대한 기대는 결혼이민자 가족에게서 더욱 노골적으로 표현되는 듯하다. 결혼이민자 가족에 대한 연구들을 살펴보면, 시어머니가 며느리로 맞은 이주여성에 대해 불만을 표현하기도 한다. 그런데 불만의 내용이 주로 며느리가 '불평 없이 부지런히 일하고 아껴 쓰며 남편과 자녀를 돌봐야 하는' 기대에 미치지 못한다는 것이다.[37] 며느리의 미덕이란 순종, 공경, 알뜰함, 부지런함이라고 여기는 관점에서 질타와 훈계가 시작된다. 애써 벗어나기 위해 노력해온 유교 가부장제의 질서를, 이제 '한국의 예절'이란 이름으로 이주여성을 통해 재생산하려는 것처럼 보인다.

최근 한국사회에서는 남편의 가족과 아내의 가족의 호칭 비대칭성에 대한 비판과 반성이 진행 중이다. 2017년 국립국어원이 발표한 조사 결과에 따르면, 배우자의 동생을 부르는 '도련님, 아가씨'와 '처남, 처제'라는 호칭을 개선해야 한다는 응답이 전체의 65.8퍼센트였다. 남성 응답자(56.5퍼센트)가 여성 응답자(75.3퍼센트)에 비해 개선 필요성에 공감하는 비율이 낮기는 했지만, 남녀 모두 절반을 넘었다. 응답자들은 배우자의 동생에 대한 대안적 호칭으로 이름을 부르는 방법을 주요하게 제안했다.[38]

이런 분위기에서 국립국어원은 2019년 '새로운 언어 예절 안내서'인 『우리, 뭐라고 부를까요?』를 발간했다. 2011년 발간했던 『표준 언어 예절』에서 전통적인 가족 호칭·지칭을 '표준'으로 제시했다면, 이제 규범적 틀에서 벗어나 상대를 존중하는 다른 표현을 선택할 수 있다는 취지로 대안적 사례들을 제시한다.[39] 친족용어가 조금씩 변화하고 있음을 느낀다. 그렇다고 변화가 빠를 것이라고 기대하기만은 어렵다. 『며느라기』에 나오듯, "〔남편의 동생에게〕 구영씨, 미영씨가 뭐냐! 도련님, 아가씨라고 해야지!"라고 호통 치는 누군가가 가족 중에 있거나, 이런 위계적 규범을 지켜온 사회 분위기가 남아 있다.

이 와중에 '며느리가 남자라니 동성애가 웬 말이냐!'라는 개탄의 구호가 아직도 들린다. 역사적으로 성차별적이며 억압적인 가족제도를 표상하는 '며느리'가 '동성애 반대'의 이유로 등장했다는 사실은, 의미심장하게도 한국사회가 막혀 있는 지점을 정확히 드러낸다. 연결고리가 없어 보이는 이 두 단어가 가족제도의 경직성이라는 하나의 문제로 연결된다. 이 구호와 쌍을 이루어 '여자 사위?'라며 기가 막힌 듯 반문하는 구호도 있다. 남자 며느리 혹은 여자 사위가 있으면 대체 무슨 일이 일어날까?

이미 네덜란드, 남아프리카공화국, 브라질, 미국, 호주, 대만 등 세계적으로 34개국(2023년 5월 기준)에서 동성결혼이 인정되고 있으니, '타임머신이 있다면'과 같은 격의 가상의 질문이 아니다.[40] 문제는 동성결혼으로 생긴 며느리나 사위 관계를 탐구한 해외 연구를 찾기 어렵다는 사실이다. 결혼을 당사자의 결합이라고 보는 나라에서는 며느리나 사위의 위치가 다를 리 없고 며느리와 시부모 사이에 특별히 기대되는 역할도 없다. 양육자가 자식의 결혼을 받아들이지 못해 생기는 갈등과 소원함이 있을 수 있지만, 남성에게 며느리의 역할을 요구해도 되는지, 여성을 백년손님이라고 대접해도 될지 고민할 일은 없다.

오히려 '며느리가 남자라니'라는 구호는, 이 사회가 평등을 추구한다면 맞서고 해체해야 했을 가족질서가 뿌리 깊게 남아 있음을 간접적으로 일깨운다. 이 구호를 들으며 성소수자에 대해 불편한 마음이 생긴다면, 먼저 며느리는 여자, 사위는 남자여야 한다는 관념을 의심하고 질문해보면 좋겠다. 며느리의 역할을 남자가 하면 왜 안 되며, 사위가 여자이면 무엇이 문제인가? 며느리와 사위에게 어떤 역할을 기대하기 때문인가? 원치 않는 며느리나 사위를 반대할 권력은 어디에서 오는가? 우리가 알고 있는 가족은 지키고 보존해야 할 불변의 가치인가?

2장

결혼과
출산의
절대공식

동성결혼과 저출생의 상관관계

저출생으로 온 나라가 걱정이다. 통계청이 발표한 2022년 '합계출산율'은 0.78명이다.[1] 한국의 합계출산율이 수년째 OECD 국가 중 가장 낮기도 하지만 1명이 되지 않는 수치는 단연 독보적이다.[2] 합계출산율이 1.3명 미만이면 '초저출산'이라고 부르는데 이런 기준이 무의미할 정도다. 인구가 소멸해 나라가 없어진다고 난리다. 초저출산으로 진입한 게 2002년인데 20년이 지나도록 대응책이 별 효과가 없었던 게 분명하다. 이제 어쩔 수 없는 운명으로 받아들여야 하는가 싶어질 정도다.

"이 와중에 동성결혼이라니?" 저출생으로 나라 사정이 급박한데 동성결혼이 무슨 소리냐고 어떤 사람들은 기겁을 한다. 동성결혼을 인정하면 인구가 더 줄어들 텐데, 지금 상황에서 꺼낼 얘기는 아니라는 거다. 2018년 서울시장 후보 토론회에서도 비슷한 얘기가 나왔다. 한 후보가 동반자 관계를 인증하는 제도를 도입하겠다고 말하니, 다른 후보가 동성애를 '인증'하는 제도가 아니냐며 반박했다. 그러면서 말했다. "동성애가 인증(인정)될 경우에 (⋯) 출산 문제는 어떻게 하는지 참 궁금한데요."[3]

한데 동성결혼과 출생률이 어떤 관계가 있을까? 언뜻 생각하면 생물학적으로 임신·출산이 불가능한 동성커플이 결혼하면 출생률이 더 낮아질 것 같다. 그런데 잘 생각해보면 조금 이상하다. 동성끼리의 출산이 불가능한 건 결혼이 인정된다고 해서 새롭게 생기는 일이 아니다. 결혼제도가 없을 뿐 동성커플은 지금도 있다. 이들을 억지로 떼어내어 이성과 결혼하게 만들고 출산을 강제하는 상상을 하지 않는 이상, 어떻게 동성결혼 법제화로 인해 출생률이 더 줄어드는지 설명이 안 된다.

게다가 엄밀히 말해 현대 의학의 발전으로 동성커플도 출산을 할 수 있다. 이미 난임부부가 부부 외의 제3자가 기증한 정자나 난자로 임신을 하고 자녀를 낳는다. 정부는 저출생 대책의 일환으로 시술비를 지원하기도 한다. 임신·출산을 못하는 이성커플처럼, 같은 방법으로 동성커플이나 비혼독신도 자녀를 낳을 수 있다. 다만 국가가 '결혼'한 부부만 지원하는 것뿐이다.[4] 그럼 동성커플도 결혼하게 되어 국가의 지원을 받게 된다면 출생률이 오히려 높아질 가능성도 있다는 얘기다.

그래도 선뜻 동성결혼을 찬성하기엔 불편함이 남을 수 있다. 신성하게 여겨져온 가정이 동성결혼 때문에 파괴되어 출생률이 낮아진다고 말하는 사람도 있다. 근데 이 주장도 곰곰이 생각하면 이상하다. 동성커플이 결혼한다고 기존에 결혼하던 이성커플이 결혼을 못하게 되는 게 아닌데, 무엇이 파괴된다는 말일까? 동성커플이 결혼한다고 해서 이성커플이 갑자기 출산을 못하게 될 이유도 없을 텐데 말이다. 그럼에도 뭔가 이유가 있으니 출생률과 연결해서 동성결혼을 반대하는 게 아닐까 싶다. 그 이유가 뭘까?

생각해보면, 결혼이란 참 오묘한 일이다. 성대한 예식을 치르는 비용이 아깝지 않을 정도로 큰 의미를 부여하는 인생 최대의 사건이다. 반면 엄청난 예식에 비해 정작 법적인 신고절차는 초라하기도 하다. 두 사람이 부부관계라고 신고하는 간단한 서류작업으로 끝난다. 이때 화려한 결혼예식에도 단출한 혼인신고 서류에도 자녀계획이나 출산능력을 묻는 절차나 항목은 없다. 다만 성스러운 예식을 지켜보며 암묵적으로 사람들은 기대한다. 남녀가 결혼을 하여 아이를 낳아 가정을 이룰 것이라고.

사람들은 오랫동안 결혼은 당연히 출산을 포함하는 개념이라고 생각해왔다. 옛날얘기만은 아니다. 지금도 사람들은 누군가 결혼을 하면 당연히 아이를 가질 것이라고 기대하며 "아이는 언제 낳을 거야?"라고 질문한다. 아이를 낳지 않는 부부에겐 "그럴 거면 왜 결혼했냐?"고 반문한다. 그러니 동성커플 사이의 결혼은 어불성설처럼 들린다. 출산을 할 수 없는 동성끼리의 결혼이라니, 그럼 결혼이 더이상 결혼이 아닌 거다. 결혼은 출산의 기반이라는 이상理想을 지키려면, 동성결혼을 인정할 수가 없게 된다.

결혼이 출산의 기반이라는 건, 결혼 밖에서 출산하면 안 된다는 뜻도 있다. 사람들은 아이가 있으면 좋겠다고 생각하다가도 "결혼을 해야 아이를 낳지"라고 말하지 않던가. 결혼하지 않고 아이를 낳는 건 잘못된 일이고, 혹시라도 아이가 '먼저' 생겼다면 서둘러 결혼해야 한다고 생각한다. 그러니까 비혼출산도 동성결혼과 매한가지 문제가 된다. 이런 '변형'을 무섭게 경고하는 사람들이 있다. 출산의 기반인 결혼이 해체되면 "사회적 재앙"이 닥칠 것이라고 종말적 예언을 한다.

동성결혼과 저출생은 아무래도 별 상관이 없어 보이지만, 동성결혼을 반대하는 이들이 지키려는 것이 무엇인지는 분명해 보인다. 결혼이란 반드시 출산의 기반이어야 한다는 것. 달리 말하면 결혼과 출산의 관계는 필요충분조건이어야 한다는 엄중한 공식이다. 결혼을 하면 출산을 해야 하고, 결혼을 하지 않으면 출산해서는 안 된다는 거다. 그런데 한번쯤 생각해본 적이 있는가. 왜 결혼과 출산이 필요충분조건이 되어야 할까? 이 공식이 깨지면 정말 "사회적 재앙"이 닥칠까?

'적법' 출생과 '불법' 출생

실제로 한국에서 사람들은 웬만해서는 결혼 밖에서 아이를 낳지 않는다. OECD 보고서에 따르면, 2020년 기준 한국의 혼외출생률은 2.5퍼센트였다. 2002년에 1.4퍼센트였던 것에서 조금 올랐다. 이에 비해 칠레와 멕시코 등은 혼외출생률이 70퍼센트가 넘고, 아이슬란드와 프랑스는 60퍼센트대, 노르웨이, 스웨덴, 네덜란드 등은 50퍼센트대이다. OECD 회원국 평균이 41.9퍼센트이고, 한국과 비슷한 나라는 일본(2.4퍼센트) 정도다. 합계출산율과 마찬가지로 혼외출생률에서 한국은 OECD 회원국들 사이에서 두드러지게 낮다.[5]

어찌 보면 꽤 모순적인 현실이다. 서두에서 말했듯이 한국은 2002년 이래 계속해서 초저출생 상태에 있다. 저출생과 인구위기를 논한 세월이 20년이 넘는데도 사람들이 모든 출생을 조건 없이 반기지는 않는 듯하다. 정말 인구감소가 걱정이라면 양육자가 결혼을 했든 하지 않았든 상관없이 사람이 태어나는 것이 중요하다고 생각할 법도 한데, 그렇지 않은 것 같다. 아직까지 한국사회에서 '결혼 밖'에서 사람이 태어난다는 건 있으면 안 되는 금기된 시나리오처럼 느껴진다.

그런데 아이러니하게도 한국에서 제일 유명한 이름이 결혼 밖에서 태어난 사람, 소위 '혼외출생자'의 것이다. 공문서 작성 예시에 자주 등장하는 그 이름, '홍길동'이다. 조선시대를 배경으로 한 소설 『홍길동전』을 떠올려보자. 주인공인 홍길동은 세종 때 이조판서에게서 태어난 명문가의 아들이다. 하지만 어머니 춘섬은 시비侍婢, 즉 양반의 곁에서 시중드는 여종이었다. 그리하여 홍길동의 신분은 서자庶子가 되었다. 소설을 이끄는 갈등이 여기에서 시작된다.

누구나 한번쯤 들어봤을 그 유명한 구절을 읽어보자. 두개의 퀴즈도 이어지니 답해보시길 바란다.

"소인이 대감의 정기를 타 당당한 남자로 태어났으니 이만큼 즐거운 일도 없을 것입니다. 다만 평생 서러운 것은 아비를 아비라 부르지 못하고, 형을 형이라 못하는 것이니, 위아래 종들이 다 저를 천하게 보고, 친척과 오랜 친구마저도 저를 손가락질하며 아무개의 천생이라 이릅니다. 이런 원통한 일이 또 어디에 있겠습니까?"[6]

퀴즈 하나. 홍길동이 아비를 아비라 부르지 못하면, 그럼 뭐라고 불렀을까? 앞의 구절에 힌트가 있다. '대감'이라고 불러야 했다.

아버지를 '대감'이라 불렀으니 아들보단 상전을 섬기는 종처럼 느꼈을 법하다. 형을 형이라 못하는 건 어떤가? 당시 서자는 정실부인의 자식인 적자嫡子를 윗사람으로 섬겨야 했다. 자리에 앉을 때에도 적자보다 뒤로 물러나 있어야 했다고 한다. 서자의 나이가 더 많아도 말이다.[7] 같은 아버지에게서 태어나 집안에서 이렇게 일상적으로 차별을 받았으니, 홍길동과 같은 서자의 설움이 얼마만큼 절절했을지 짐작이 간다.

퀴즈 둘. 홍길동은 어쩌다가 '서자'가 되었을까? 간단한 이유다. 어머니 춘섬이 아버지와 결혼하지 않았기 때문이다. 그럼 춘섬은 왜 결혼하지 않았을까? 난센스같이 들리겠지만, 아버지에게 따로 부인이 있었기 때문이다.

사실 이 뻔해 보이는 답이 당시의 제도를 알려주는 중요한 단서가 된다. 조선시대에 남성이 결혼을 할 수 있는 여성은 단 한명이라는 것, 즉 일부일처제가 도입되었다는 사실이다. 그리고 결혼하지 않은 다른 여성을 첩으로 두고 하나의 가족으로 생활하는 축첩제가 존재했다. 어떻게 보면 사실상 일부다처제라고 할 수도 있을 텐데, 형식적으로 일부일처제가 표방되면서 결혼 밖의 자식인 '서자'가 탄생했다.

조선시대 이전에는 일부다처제가 성행했고 첩을 두는 일도 많았다고 한다. 그러다 조선 태종 13년(1413)에 법적으로 중혼이 금지되었다.[8] 그런데 축첩제는 유지됐다. 한 남성이 여러 명의 여성과 자녀를 낳고 생활하는 방식은 전과 달라지지 않았는데, 이제 남성은 한 여성만 '처'로 정하고 나머지는 '첩'으로 구분해야 했다. 자식의 지위도 구분해야 했다. 그리하여 '적자'와 '서자'의 구분이 생겼다. 엄밀하게는 양인 첩이 낳은 자식을 서자, 천인 첩이 낳은 자식을 얼자孽子라 하고, 통칭해 '서자' 또는 '서얼'이라고 불렀다.[9]

처는 한 명이지만 첩은 여럿 둘 수 있었으니 서얼의 수가 적지 않았을 것이다. 권내현은 조선 후기 경상도 한 지역에서 촌락을 형성한 안동 권씨의 족보와 호적을 통해 자손들의 신분을 확인했다. 연구 결과, 안동 권씨 18~29세손 중 결혼한 남성 구성원 총 450명 가운데 서자가 28퍼센트였다. 얼자의 경우 족보나 호적으로 파악하기 어렵고, 서자도 누락되었을 가능성이 있어, 실제 서얼의 수는 더 많았을 것으로 본다.[10] 서얼의 자손은 대대로 서얼의 신분을 가지니 시간이 지날수록 그 규모는 더 커질 수밖에 없었다. 그래서 18~19세기 서얼의 수가 적자를 넘어섰을 것이라

추정되기도 한다.[11]

이렇게나 많은 사람들이 태어나면서부터 설움을 당했다. 집 안에서의 차별로 끝나지 않고, 서얼이라고 관직 진출도 금지하는 서얼금고법庶孽禁錮法도 있었다. 그러니 사회에 대한 불만이 하늘을 찔러 이들이 홍길동의 율도국을 꿈꿀 만하지 않았을까. 실제로 당시 서얼 출신들은 차별에 저항하는 집단행동을 했다. 오늘날 국민청원을 하듯이, 1823년(순조 23)에는 서얼 유생 9996명이 만인소萬人疏를 올리기도 했다.[12] 앞서 17세기, 북한강변에 살던 서얼 7인은 '강변칠우'라는 모임을 결성해 여주에 모여 살면서 도둑질을 하고서는 "우리는 도둑이 아니라 장차 큰일을 도모코자 한다"고 선포했다.[13] 그야말로 홍길동전의 실사판이다.

혼외출생자의 설움은 근현대사에도 계속된다. 일제강점기에는 '사생아'라는 용어가 등장한다. 당시 조선호적령은 '법적으로' 결혼한 부부의 아이만을 공식적으로 자식으로 인정해 '적출자'라고 했다. 결혼은 당연히 법적으로 등록하는 것 아니냐고 생각할지도 모르겠다. 그런데 원래부터 그랬다고 말할 수 없다. 종전에는 부부로 생활한다는 사실로 충분했는데(사실혼주의), 일제강점기부터 법적인 절차를 따라야 결혼이 인정되었다(법률혼주의). 이제 법률혼주의가 채택되면서, 혼인신고가 되어 있지 않은 상태에서 태어난 자식은 (공적인 인정 없이) 사적으로 태어난

아이, 즉 '사생아私生兒'가 되었다.[14]

해방 후에는 어땠을까? 1958년 대한민국의 민법이 제정되었다. '서자'나 '사생아'라는 용어는 사라졌다. 대신 '혼인 중의 출생자'와 '혼인 외의 출생자'를 구분하는 개념이 생겼다. 차별도 있었다. 일제강점기에 시작된 호주제가 유지되는 동안, 혼인 중의 출생자가 혼인 외의 출생자보다 호주승계에서 우선되었다.[15] 2005년 호주제가 폐지되면서 이 조항도 함께 사라졌다. 현행 민법은 자식들 가운데 혼인 중 출생자를 혼인 외 출생자에 비해 특별히 우대하지 않는다. 그래도 중요한 차이가 있다. 혼외출생자는 아버지가 법적으로 자신의 자식이라고 인정해야 비로소 자식의 지위를 갖게 된다.

지금도 혼외출생자는 태어날 때 '아버지를 모르는 아이'라고 추정된다. 어머니의 경우 자녀가 출생했다는 사실만으로 모자관계가 성립되고 양육의 권리와 의무가 생긴다. 반면 아버지는 따로 '인지認知'라고 하는 법적인 절차가 필요하다. 아버지가 혼외출생자를 자식이라고 법적으로 '인지'하면, 그제야 아버지로서 권리와 의무가 생긴다. 생부가 자발적으로 인지하지 않는다면 자식이 생부를 상대로 인지를 요구하는 소송을 해야 한다. '인지'하지 않으면, 생부일지언정 자식에 대해 권리도 의무도 없다.[16]

결혼 밖에서 태어난 사람을 그렇지 않은 사람과 똑같이 대하지 않은 건 역사적으로 서구에서도 다르지 않았다. 영미법에서는 법률용어로 혼외출생자를 'illegitimate' 또는 'bastard'라고 했다.[17] '불법'illegitimate이라는 단어는 합법legitimate의 반대어로 그야말로 적법한 출생이 아님을 직설적으로 표현한 말이다. 'bastard'라는 단어도 혼외출생자를 지칭하는 법적 용어였는데, 오늘날 욕설로 사용된다. 한국에서도 '아비 없는 후레자식(호래자식)'이란 말을 사람을 낮잡아 말할 때 욕설로 사용하지 않던가.[18] 결혼이란 제도가 사람을 적법과 불법으로 갈라놓은 것인데, 어느 순간 사람들은 태어난 사람을 불법적인 존재라 믿기 시작한 듯하다.

결혼, 무엇을 위한 테두리인가

미국 일리노이주에 피터 스탠리Peter Stanley와 조앤 스탠리Joan Stanley 커플이 살고 있었다. 두 사람은 법적으로 결혼하지 않고 동거 상태로 지내고 있었고, 두 사람 사이에는 세 자녀가 있다. 그런데 어느 날 조앤이 사망했다. 갑작스럽게 피터와 세 자녀가 남겨졌다. 피터는 계속해서 세 자녀를 맡아 키우려고 했지만 그럴 수 없었다. 일리노이주 정부가 자녀의 양육권을 가져갔기 때문이다. 지금까지 자녀를 양육하던 생부가 뻔히 살아 있는데 어떻게 정부가 자녀의 양육권을 가져갈 수 있었을까?

피터 스탠리 이야기의 배경은 1970년대다. 당시 일리노이주 법에 따르면 세 자녀는 아버지 없는 아이들이었다. 피터가 조앤과 법적으로 결혼하지 않았다는 이유로, 조앤이 낳은 자녀에 대해 법적으로 아버지로 인정받지 못했다. 법적으로 보면 피터는 자녀와 아무 관계 없는 사람이었다. 게다가 피터가 생부라는 사실을 정부가 알았어도 그 태도는 호의적이지 않았다. 비혼부라서 오히려 부적합한 양육자라고 여기는 생각이 있었다. 그래서 피터가 실제로 좋은 양육자가 될 수 있을지 살펴보는 절차도 없이 피터의 양육 기회를 빼앗은 것이었다.

1970년대면 아주 옛날도 아닌데, 미국에서도 혼외출생자의 권리가 인정되기까지 시간이 꽤 많이 걸렸다. 더 과거로 올라가면 영미법에서 혼외 자식은 누구의 자식도 아니라고 했다. 그래서 어머니와 아버지 중 누구도 자식에 대해 법적 책임이 없었다. 그러다 어머니의 양육 책임이 먼저 인정되었다. 미국의 경우 19세기에 법을 개정해 이때부터 혼외출생 자녀가 어머니로부터 양육과 상속을 받을 수 있었다.[19] 미국에서 비혼부의 권리와 의무를 인정한 건 한참 후였다. 피터 스탠리 사건이 중요한 분기점이었다.

미국 연방대법원은 1972년 '스탠리 대 일리노이'Stanley v. Illinois 판결에서, 비혼부라고 해서 좋은 양육자가 될 수 없다고 전제하여 통상의 청문 기회를 제공하지 않는 차별이 불합리하다고 결론을 내린다.[20] 이어 1973년 '고메즈 대 페레즈'Gomez v. Perez 판결에서는, 아동이 혼외출생자라는 이유로 양육에서 차별받지 않아야 함을 확인한다. 당시 텍사스주 법에서 혼인 중 출생자는 아버지로부터 양육받을 권리가 있고 따라서 양육을 요구할 수 있었다. 반면 혼외출생자에겐 그런 권리가 없었다. 이에 연방대법원은, 부모가 결혼하지 않았다고 정부가 아동의 필수적 권리를 부정하는 건 "비논리적이고 부정의"하다고 일갈한다.[21]

누군가는 이 이야기를 들으며, 결혼을 했든 하지 않았든 생부가 자식을 책임지는 게 당연한 일 아니냐는 생각을 할지도 모르겠다. 그런데 어떤 사람들은 이런 판결이 신성한 가정을 무너뜨리는 위험신호라고 느끼기도 한다. 가령 이런 걱정을 하는 거다. 부모가 결혼을 안 했는데도 그 자식을 다른 이들과 똑같이 대우한다면, 그래도 사람들이 지금처럼 결혼을 하고 자녀를 낳는 질서를 지킬까? 안타까워도 혼외출생자에게 불이익이 있어야 결혼이란 제도가 특별한 의미를 가질 테고, 그러니 어쩔 수 없이 차별이 필요하다는 결론에 이른다. 그런데 의문이 들지 않는가. 이 질서는 무엇을 위한 것인가?

결혼하고 출산해야 적법한 출생이 되는 질서를 지켜야 하는 이유가 무엇인지 곧바로 떠오르지 않는다면, 비슷해 보이는 다른 제도와 비교해서 한번 생각해보자. 잘 알다시피, 운전을 하려면 먼저 국가가 발행하는 운전면허증을 취득해야 한다. 운전면허증 없이 운전을 하면 불법이 된다. 이런 운전면허제도가 필요한 목적이 무엇인지는 분명하다. 공인된 운전능력을 사전에 요구해서 안전한 도로운행을 보장하려는 것이다. 결혼제도도 운전면허제도와 비슷한 걸까? 결혼은 안전한 자녀의 출산과 양육을 위한 전제조건이라고, 오랫동안 많은 사람들이 믿어왔다.

하지만 결혼이 운전면허와 같은 일종의 자격이라고 하기엔 연관성이 약하다. 운전면허와 운전의 관계는 직접적이다. 운전자는 운전면허를 통해 차를 안전하게 운행할 능력이 있는지 확인받고 실제로 운전을 수행한다. 결혼과 출산의 관계는 그렇지 않다. 결혼은 두 사람이 배우자로서 권리·의무 관계를 성립시키는 법적 행위다. 임신·출산은 이와는 전혀 다른, 성적이고 신체적인 절차와 내용으로 이루어진다. 결혼이 임신·출산에 관한 능력을 확인하는 자격제도는 아니지 않은가? 결혼과 출산의 관계는 논리적이라기보다는 규범적이다. 그럼 여기서 드는 의문은, 사회가 이 둘을 일치시키려는 의도가 무엇인지다.

누구의 어떤 필요에 의해 이런 제도가 만들어지고 유지되어야 했는지 궁금해진다. 이 궁금증을 풀기 위해, 결혼 여부에 따라 자식에 대한 책임이 달라지는 사람이 누구인지, 이해관계가 걸린 사람은 누구인지 추적해보면 어떨까? 역사적으로 여성은 일찍부터 결혼 여부와 관계없이 자녀양육의 책임을 가졌다. 상황이 달라지는 것은 주로 남성이었다. 남성이 재산을 거의 독점하던 시절, 결혼이란 경계는 "어느 자녀가 상속인이 되어 재산상속의 법적 자격을 가질지 결정하는 효율적인 수단"[22]이 될 수 있었다. 남성에게는 자식이 생겨도 상속이나 양육에 아무런 책임을 지지 않아도 되는 바깥 영역이 생기는 것이다.

그럼 남성이 책임지는 자녀를 한정해야 할 이유는 무엇이었을까? 결혼은 남녀가 상호 정조의 서약을 하는 것으로 생각되지만, 역사적으로 정조의 의무는 여성에게만 적용되었다. 한국에서도 오랫동안 축첩제가 인정되었듯이, 일부일처제라고 해도 남성이 결혼 밖에서 성관계를 갖는 것을 규율하지 않았다. 남성에게 결혼 밖에서 출생한 자녀에 대해 의무를 지우지 않음으로써 남성은 결혼 밖에서의 성관계에 자유로울 수 있었다. 결혼 안과 밖의 자녀를 구분하는 제도는 "남성이 자신과 자신의 (공식적) 가족에게 미치는 부정적인 재정적 결과를 피하면서도 성적 자유를 유지"[23]하는 데 유용했다.

이런 제도가 구축된 것은, 개별적인 남성들이 자기 자식을 '버릴' 정도로 도덕성에 문제가 있었기 때문이라기보다, 사회체제가 남성을 중심으로 구축되어온 역사적 배경에 기인한다. 가족제도를 비롯해 대부분의 법과 제도를 만든 이가 남성이었고, 이들은 결혼 외의 관계에서 생긴 자식 때문에 기존의 가족관계가 흔들리거나 경제적 부담을 가지는 것을 원치 않았을 것이다.[24] 그런데 피터 스탠리와 같이 법적 결혼과 무관하게 자녀를 돌보겠다는 남성의 등장은, 기존의 자유로운 삶의 양식을 뒤흔드는 불편한 균열이었을 것이다.

최근 한국에도 변화의 흐름이 있다. 비혼부가 나서서 혼외출생자에게 걸림이 되는 제도를 바꾸고 있다. 당장 출생신고부터 문제였다. 혼외출생자의 출생신고는 '모'가 하도록 정해져 있어, 비혼부로서는 자녀와의 관계를 인정받는 긴 재판을 거친 후에야 출생신고를 할 수 있었다. 이를 개선하기 위한 노력 끝에 2015년 일명 '사랑이법'이 통과되어 비혼부에 의한 출생신고 절차가 간소해졌다.[25] 하지만 여전히 문제는 남았다. 예컨대 비혼부가 아이의 생부인데 아이의 엄마가 다른 남성과 결혼한 상태라면, 출생신고가 곤란해진다. 엄마가 출생신고를 하면 생부가 아니라 '모'의 현 남편이 아이의 친부로 간주되기 때문이다. 이런 상황에서 생부가 출생신고를 하는 것도 법적으로 거의 불가능했다.

이런 법의 모순 때문에 출생등록이 아예 이루어지지 못하는 아동들이 생겨났다. 달리 출생신고를 할 방법이 없던 비혼부 3명과 이들의 혼외출생자 아동 4명은 헌법소원을 제기했다. 그리고 2023년 3월 헌법재판소는 이런 제도가 혼외출생자의 "출생등록될 권리"를 침해한다며 헌법불합치 결정을 내린다.[26] 사실 생부의 권리보다는 아동의 권리를 확인한 결정이었다. 출생등록을 부모의 권리나 의무로 이해하는 게 아니라, 부모와 상관없이 보장되어야 할 아동의 기본권으로서 인정했다는 의미다.[27] 이어 6월 국회는 아동의 출생등록 누락을 막기 위한 법안을 통과시킨다. 출생신고를 부모에게만 맡기지 않고, 의료기관이 지방자치단체에 출생 사실을 통보하게 하는 '출생통보제'를 도입하기로 한 것이다.[28]

한가지 분명한 사실은, 정말 오랫동안 사회는 결혼 밖에서 태어난 사람들의 입장에 무관심했다는 점이다. 이들을 책임지고 키운 양육자는 '결혼도 하지 않고 아이를 낳은' 문란한 사람이라고 낙인찍었다. 한국사회는 지금도 누군가 혼외자식이라고 하면 결혼 상대로 거부감을 갖는다. 2021년 '다양한 가족에 대한 국민인식조사'에 따르면, '미혼부·모 가족의 자녀'를 본인이나 자녀의 결혼 상대로 받아들일 수 있다는 사람은 59.5퍼센트에 불과했다. '비혼동거 가족의 자녀'에 대한 태도는 더 부정적이어서, 본인이나 자식의 결혼 상대로 이들을 받아들인다는 사람은

45.5퍼센트로 절반도 되지 않았다.[29]

결혼제도에 따라 갓 태어난 아이의 운명이 달라진 긴 역사를 곱씹어보자. 홍길동이 서자가 된 이유에서 보듯, 태어난 사람 때문이 아니라 그렇게 정한 당시의 결혼제도 때문에 혼외자식이 되었다. 그런데도 우리는 사람을 비난한다. 결혼이 사회가 만든 제도이며 혼외자식이란 개념이 법이 만든 구분이란 사실은 쉽게 잊는다. 도리어 이런 제도로 인해 불이익을 받는 혼외자식을 태어나지 말았어야 할 불경한 존재로 여기고, 온갖 드라마에서 재현되듯 가족의 비극과 갈등의 원흉인 듯 취급하곤 한다. 그렇게 차별을 설계한 사회는 아이에게 손가락질하는 사람들 뒤로 숨어버린다.

그러니 의문이 든다. 지금 우리 사회는 무엇을 위해 결혼제도를 수호하는가? 결혼 밖에서 사람이 태어나면 정말 안 되는 걸까? 출산이 결혼의 테두리 안에 있어야 정상이라는 관념은, 의도했든 하지 않았든 사람을 적법과 불법으로 구분하며 생애의 시작부터 불평등을 만들었다. 이런 불평등을 사회가 모르는 게 아니라 부당하다고 생각지 않았던 것 같다. '결혼은 출산의 기반'이라는 이념이 무너지면 사회의 근간이 붕괴될 것만 같은 불안감에 차별을 정당화해왔다. 그래서 더 궁금하다. 애초에 사람이 태어난다는 의미를 우리가 어떻게 생각하고 있는 건지, 출생의 순간부터 시작되는 차별을 용인하는 사회에서 출생률을 높여야 한다는 건 어떤 의미인지 말이다.

사람이 태어난다는 것

"인력이 국력이다. 출산이 애국이다."

2005년 10월, 당시 최대의 회원 규모를 가진 여성단체가 이 주제를 내걸고 전국여성대회를 개최했다. 2002년부터 시작된 초저출생으로 위기감이 고조되면서, 이들은 "독신과 적은 수의 자녀를 선호하는 젊은이의 사고"를 염려했다.[30] 그리고 결연히 선포했다. "결혼이 선택이 될 수 없는 일이며 출산이라는 여성의 창조적 의무를 재인식하고 결혼과 출산 기피 현상을 저지하는 일에 앞장설 것을 결의한다."[31] 시간이 꽤 흘렀지만 '출산은 애국'이라는 이 오래된 슬로건은 아직 익숙하다. 기억해보면, 나도 이 연결에 익숙해져 출산한 동료에게 무심코 "애국했네!"라는 말을 건넨 적이 있다.

2016년 행정안전부는 전국의 가임여성 분포를 보여주는 '가임여성 지도'를 발표했다.[32] 지역별 저출생 대책을 도모하는 취지라고 했다. 하지만 가임여성을 숫자로 전시하는 이 지도는 암묵적으로 출산을 종용하는 메시지를 담고 있었다. 의도는 아니었다지만, 마치 여성이 인구 생산의 임무를 가진 것처럼 '당신이 아이를 낳아야 모두가 산다'고 하는 무거운 압박을 느끼도록 했다. 한 개인의 삶에서 출산이란 인생을 조망하여 신중하게 결정해야 하는 어려운 일인데, 그런 결정을 두고 애국심 내지 시민의식을 시험하는 듯한 부담을 주는 정책의 단면이었다.

저출생에 촉각을 곤두세운 이런 상황에서 결혼을 하고도 자녀를 출산하지 않는 소위 '딩크족'은 특히나 눈총받기 쉽다. 한 온라인 공론장에서는 결혼을 하고 '딩크'Double Income No Kids, DINK로 살겠다고 말한 여자친구의 사연을 둘러싸고 논박이 벌어졌다. 아이를 낳지 않을 거면 굳이 결혼할 생각이 없다는 남자와, 아이를 안 낳을 거지만 더 늦기 전에 결혼하자는 여자 중 누가 더 이기적인지 따지는 댓글이 이어졌다. 그리고 익숙한 질문이 등장했다. "아이를 안 낳을 거면 결혼은 왜 하죠?" 비난의 의미였지만 생각해보면 근본을 찌르는 질문이었다. "한국사회에서 결혼이란 무엇인가?" 하는 근원적인 탐구랄까.

사실 결혼이나 자녀출산에 관한 결정은, 헌법적으로 보면 국가나 제3자가 간섭할 수 없는 사생활의 영역이다.[33] 국가는 개인이 자율적으로 가족을 형성하고 존엄하고 평등하게 가족생활을 영위하도록 보호하고 지원할 의무가 있다.[34] 그러니까 결혼한 부부가 자녀를 낳을지 여부는 전적으로 두 사람이 결정할 일이다.

문제는 정반대에 가까운 현실이다. 때때로 한국사회에서 결혼과 자녀출산은 타인의 의견과 희망이 오가는 공적 의제 같다. "올해는 손주 좀 보게 해줘" 하는 부모의 은근한 압력부터, "애가 있어야지 오래 살아"라는 결혼에 대한 주변의 충고까지, 결혼과 출산에 관한 간섭은 꽤 일상적이다.[35]

그래서인지 결혼을 하고도 아이를 낳지 않기로 결정한 사람들의 이야기가 더 궁금해진다. 어떤 이유로 이런 결정을 내리는지, 각자의 상황이 다를 테니 간단히 말할 수는 없을 것이다. 다만 연구를 살펴보면 이들이 결정에 이르는 과정에 두가지 질문이 포착된다. 한국사회는 아이가 살 만한 사회인가? 나는 내 삶을 버리지 않으면서도 아이가 잘 살게 돌볼 수 있는가?[36] 앞으로 이 사회에서 살아가야 할 아이와 현재 살고 있는 자신의 인생을 숙고하여 내리는 결정이다. 어떤 사람들은 아이를 갖지 않기로 선택한 부부를 이기적이라고 비난하는데, 이 숙고의 과정을 쉽게 비난할 수 있을지 모르겠다.

생각해보면, 아이를 낳는다는 건 불확실한 세계를 여는 일이다. 태어나는 아이가 어떤 아이일지, 아이가 자라는 동안 양육자의 상황이 어떨지, 앞으로 세상이 어떻게 바뀔지 알 수 없다. 양육자는 현재 상황을 토대로 미래를 가늠할 수밖에 없다. 만일 현재의 세상이 불평등하고, 양육자는 유리한 조건을 갖추지 못했으며, 앞으로도 나아질 전망이 없다면 어떨까? 물론 자녀에 대해 예측할 수 없는 부분도 많다. 그럼에도 양육자가 제공하는 '가족'이라는 환경이 자녀의 삶을 거의 결정해버리는 사회라면 그 사회에서 자녀를 낳기란 무척 어려운 일이다.

게다가 국가적 위기를 논하며 출산을 압박하는 사회 분위기는 어떤가. 정부와 언론은 저출생이 계속되면 인구구조가 변화하면서 사회보장 지출이 증가하고 경제성장률이 저하될 우려가 있다고 거듭 말한다. 정책적으로 타당하고 필요한 분석일 테다.[37] 하지만 그렇다고 이런 이유로 아이를 낳으라고 하는 건 좀 다른 문제다. 저출생을 극복해야 할 이유가 사회적 부양과 경제발전을 담당할 인력 확보를 위해서라고 하면, 이 땅에 태어나는 사람의 가치는 그저 노동력에 불과하고, 아이를 낳는다는 건 노동력 생산의 의미가 된다.

출생하는 아이의 입장으로 관점을 돌리면, 사람의 탄생을 맞이하는 마음이 어떠해야 할지 다르게 보인다. 국가의 존속과 발전보다는 사람이 이 땅에 태어나 존엄하고 평등한 삶을 살 수 있는가, 양육자를 희생시키지 않으면서도 행복한 시간을 나누며 성장할 수 있는가가 더 중요한 질문이 된다. 사람을 그 자체로 존엄하게 여기지 못하고 도구로 취급하는 사회에 기꺼이 태어날 아이가 있을까. 자신이 어떤 삶의 제비를 뽑을지 모르는 불평등한 세상에 나오기로 마음먹는 일이 쉬울까. 어쩌면 지금의 낮은 출생률은, 사람이 어떻게 태어나든 존엄하고 평등한 삶이 보장되는 사회가 될 때까지 세상에 나올 수 없다는 아이들의 절박한 집단행동일지도 모른다.

만약 결혼과 출산의 절대공식이 해체되면, 그래서 비혼가족이 많아지고 동성결혼이 합법화되면 한국사회가 어떻게 변할지, 간단한 몇마디로 예측하긴 어렵다. 다만 해외의 상황을 보면 그 변화의 결과가 "붕괴"나 "사회적 재앙"과는 거리가 멀다는 사실은 알 수 있다. 더구나 합계출산율을 비교하자면 동성결혼을 합법화한 국가들의 상황은 한국보다 훨씬 낫다. 가령 2001년 세계 최초로 동성결혼을 인정해 이미 20년이 지난 네덜란드의 경우, 오늘날 합계출산율은 1.62명이다(2021년 기준). 프랑스는 1999년 동성·이성 비혼커플을 위한 대안적 결합제도로서 연대계약^{Pacte} ^{Civil de Solidarité, PACS}을 도입하고 2013년부터 동성결혼을 인정했다.[38] 2021년 프랑스의 합계출산율은 1.80명이다.

이들 나라에서는 혼외출생률도 높다. 태어나는 아동의 절반 이상이 결혼 밖에서 출생한다. 네덜란드의 혼외출생률은 53.5퍼센트, 프랑스의 혼외출생률은 62.2퍼센트이다(2020년 기준). 2020년 기준 OECD 회원국 평균을 보면 혼외출생률 41.9퍼센트, 합계출산율 1.56명이다.[39] 결혼과 출산의 절대공식이 허물어진 나라에서 출생률이 높은 건 어떻게 설명할 수 있을까? 어쩌면 이들 나라에서는 사람이 어떻게 태어나든 평등한 삶을 보장하는 사회를 만들어왔다는 뜻은 아닐까? 결혼으로 쌓아올린 담벼락을 내리고 다양한 출생을 포용하려 애쓴 변화를 두고, 불경하고 문란하다고 치부하는 오류를 우리 사회가 범해온 건 아닌지 생각해볼 일이다.

얼마 전 한 방송인이 비혼 여성으로서 정자를 기증받아 아이를 출산했다는 소식이 전해졌다. 많은 사람들이 그 대담하고 당당한 결정에 축하와 응원을 보냈다. 출산의 본질은 법적 결혼이 아니라 자녀와의 관계에 있음을 새삼 인정하며, 비혼가족도 별 다름 없이 잘 살아가리라 기대했다. 하지만 불편한 시선을 보내는 사람들도 있었다. KBS의 한 육아관찰예능방송에서 이들 모자를 출연시키기로 하자 자발적 비혼모를 미화한다며 시청자청원 게시판에 반대가 쇄도했다.[40] 청와대 국민청원에는 공영방송이 "올바른 가족관을 제시하고 결혼을 장려하며 정상적인 출산을 장려"해야 한다고 주장하는 글이 올라왔다.[41]

한편에서 '비정상' 가족을 막으려는 사람들과 다른 한편에서 '정상'을 누가 정하는 것이냐고 되묻는 사람들 사이에서, 지금도 아이는 자라고 있다. 그리고 '비정상' 가족에서 사람이 태어났을 때 그를 어떻게 대할 것인지는, 여전히 우리의 가치를 시험하는 중요한 질문으로 남는다. 가족질서를 지키기 위해 (안타깝더라도) 계속하여 정상과 비정상을 구분하고 '일탈자'를 탓할 것인가, 아니면 이런 구분을 거부하며 평등을 위해 가족제도의 변화를 요구할 것인가? 다음 장으로 이어지는 이 질문은, 사회가 사람의 탄생을 수단으로 여기는지, 아니면 그 자체로 소중한 동료 시민의 등장으로 여기는지의 관점과 연결된다.

3장

초대받지 않은 탄생,

허락받지 못한

출산

당신이 판사라면

20대 초반의 A씨가 법원에 성별정정을 신청했다. 법적으로 기재된 성별을 '여성'에서 '남성'으로 바꾸고자 한다. A씨는 유방절제술을 받았고 호르몬 요법을 해서 남성의 외모와 목소리를 가지고 있다. 가족과 주변 사람들도 A씨를 남성으로 인식한다. 다만 A씨는 여성의 생식기관인 자궁과 난소 적출을 하지 않았다. 만약 당신이 판사라면, A씨의 성별정정을 허가하겠는가?

이 사건은 2019년 12월 경기도의 한 법원에 접수되었다.[1] 당시 1심을 담당한 판사는 A씨의 성별정정을 허가하지 않았다. 신청인이 생식능력을 완전히 제거하도록 자궁과 난소 적출 수술을 받아야 한다는 이유였다. 법원에는 이런 사건에 참고하도록 만들어진 '성전환자의 성별정정허가신청사건 등 사무처리지침'이 있다. 여기에 "성전환수술의 결과 신청인이 생식능력을 상실"했는지 조사할 수 있다는 내용이 있다.[2] 1심 법원의 판사는 생식능력 상실이 '필수요건'이라고 생각한 것이었다.

그런데 2021년 10월 항고심에서 이 결정이 뒤집혔다. 항고심 법원은 A씨가 이미 사회적으로 남성으로서 생활하고 있는데, 생식능력 상실은 참고사항일 뿐 필수요건은 아니라고 했다. 한국 법원 역사상 처음으로 생식능력 제거 수술, 다른 말로 '불임수술' 없이 성별정정을 허가했다. 법원은 자기결정권, 인격권, 신체를 훼손당하지 않을 권리를 언급하면서 이렇게 말했다.

자궁적출술과 같이 생식능력의 비가역적인 제거를 요구함은 성적 정체성을 인정받기 위하여 신체의 온전성을 손상하도록 강제하는 것으로서 자기결정권과 인격권, 신체를 훼손당하지 않을 권리 등을 지나치게 제약하는 결과가 된다.[3]

이런 법원의 결정을 어떻게 생각하는가? 생식능력을 완전히 제거하지 않는다는 건 임신 가능성이 남는다는 얘기다. 남자가 며느리인 것도 이상한데 남자가 임신을 할 수 있다니. 성별정정을 하려면 당연히 불임수술을 해야 하는 거 아니냐고 생각할 수 있다. 그런데 해외에서는 가끔 트랜스젠더가 남성의 성별로 임신을 해서 아이를 낳았다는 소식이 들려온다. 누군가는 "말세다" 하겠지만, 지금 우리가 살고 있는 동시대 사람들의 이야기이기도 하다.

2022년을 기준으로, 트랜스젠더를 위한 성별인정 절차를 마련하고 있는 유럽 40개 국가 중 28개국이 불임수술을 요구하지 않고 성별정정을 허용한다.[4] 처음부터 그랬던 건 아니다. 그동안 많은 나라가 강제적인 불임 요건을 가지고 있다가 폐기했고 그런 나라들의 숫자는 점점 늘어난다. 이제 네덜란드, 독일, 스웨덴, 스페인, 영국, 이탈리아, 포르투갈, 프랑스 등 많은 나라에서 트랜스젠더가 불임수술을 하지 않아도 법적으로 성별을 변경할수 있다.

2017년 유럽인권재판소는 트랜스젠더에 대한 강제불임을 금지하는 판결을 내렸다. 국가가 공문서상의 성별을 변경해주는 조건으로 불임수술·시술 혹은 불임을 초래할 가능성이 높은 수술·시술을 요구하는 것이 유럽인권협약 위반이라고 했다. 국가의 입장에서 신분등록 질서를 지키는 일이 중요하다고 해도 지나친 요구라고 했다. 트랜스젠더에게 본인이 원하지 않는 불임수술을 받도록 하는 건, 개인의 신체적 온전성을 해치는 일이며 성별에 대한 개인의 정체성을 존중받도록 보장해야 할 국가의

의무를 위반하는 것이었다.[5]

세계적으로 보면 불임수술을 비롯해 각종 의료 조치와 정신과 진단 등 강제적인 요건들이 사라지고 있다. 대신 당사자의 결정을 존중해 성별을 인정하는 나라들이 노르웨이, 덴마크, 벨기에, 스위스, 아르헨티나, 아일랜드, 포르투갈 등 점차 늘어나고 있다.[6] 공문서에 여성과 남성 외의 다른 표식을 할 수 있게 마련하는 나라들도 있다. 네팔, 뉴질랜드, 독일, 미국, 인도, 캐나다, 호주를 포함한 여러 나라에서 여권 등 공문서에 성별정보를 기재할 때 '여성' '남성' 외에 'X' '다양' '기타'와 같은 선택지를 제공한다. 네덜란드는 신분증에서 아예 성별정보를 삭제할 예정이라는 소식도 들려온다.[7]

생각해보면 국가는 가족관계등록부를 비롯한 공문서에 '나'에 관한 정보를 기록하고 관리하는 역할을 할 뿐이지 내 개인정보를 마음대로 지정할 권한이 없다. 가령 내가 공식적으로 불리길 원하는 이름이 있다면, 원칙적으로 개인정보에 대한 자기결정권을 존중하여 국가는 이름 변경 요청을 승인한다.[8] 성별도 마찬가지로 개인정보이고 국가는 관리자일 뿐이라고 생각하면 다른 나라의 이런 변화가 이상하지 않다.

그래도 여전히 온전히 받아들일 수 없다는 기분이 들 수 있다. 법적으로 남성인 사람이 출산하는 일이 없도록 국가가 통제해야 마땅하다고 생각될 수 있다. 그런데 한번 생각해보자. 국가가 개인의 성별 기록을 관리하는 역할을 하고 있다고 해서 생식능력을 제거하는 일까지 개인에게 요구할 수 있는가? 어떤 사람이 아이를 낳을 수 있고 낳을 수 없는지 결정할 권한이 국가에게 있다는 걸까? 사람의 탄생에 관해 국가의 권한은 어디까지일까?

떠나야 하는 아이

사람이 태어난다는 건 미지의 존재가 공동체에 등장하는 극적인 사건이다. 이민의 경우 통상 국가의 까다로운 심사를 거쳐 새로운 사람이 사회구성원으로 결합한다. 반면 출생의 경우 사전심사 없이 이 땅에 사람이 등장한다. 만일 이렇게 등장한 구성원이 사회가 반기지 않는 존재라면, 국가는 무엇을 어디까지 해도 될까? 이민자의 입국을 거부하는 것처럼, 이 땅에서 출생한 사람을 해외로 출국시키면 되는 일인가?

1966년 4월 28일자 『조선일보』에 '전국에 4만 성년 혼혈아의 고민'이란 제목의 기사가 실렸다. 이 기사에 실린 '혼혈아'[9]의 글 중 하나를 소개한다.

나는 왜 어머니가 밖에 나가지 못하게 하고 방안에 가두어

놓았는지, 어릴 때는 미처 몰랐었다. 그리고 낯선 사람만 보면 얼굴을 가리거나 돌담에 얼굴을 묻는 습성이 언제 어느 때 몸에 배었는지도 기억이 나질 않는다. 나의 고향이 여기가 아니라는 것만이 확실할 뿐, 뭣이 어떻게 잘못되었는지 아무것도 모른다.[10]

잘 알려져 있다시피 한국전쟁 후 한국인 어머니와 미군 아버지 사이에서 태어난 많은 혼혈아동이 해외로 입양되었다. 사실 혼혈아동 '전원'을 해외로 입양시키는 것이 정부의 계획이었다.[11] 하지만 입양을 기다리다 실패하고 그사이 성장해버린 아동들이 있었다. 이 기사는 그렇게 "혼혈아를 모두 입양시키기에는 앞날이 암담"한 상황에서 "다른 탈출구"를 찾아야 하는 "사회문제"를 걱정한다.[12]

앞에 소개한 글은 당시 13세이던 아동의 이야기다. 이 글에서 그는 오래전부터 사람들의 눈을 피해 얼굴을 감추고 방안에 갇혀 지냈다며, "나의 고향이 여기가 아니라는 것만이 확실"하다고 말한다. 분명 한국에서 태어났고 한국에서 자랐는데, 왜 한국이 '고향'이 아니라고 말할까. 마치 해외입양이 고향을 떠나는 일이 아니라, 고향을 찾아가는 일이라고 말하는 듯하다.

이상하게 들리겠지만 혼혈인은 실제로 '한국인'이 아니었다.

당시 법에서 외국인 아버지에게서 태어난 혼혈아동은 한국 국적을 가질 수가 없었다. 1948년 제정된 국적법은 부계혈통주의를 채택해서, 아버지가 한국인이어야 자식이 한국인이 될 수 있었다. 아버지가 불분명하면 모계혈통으로 국적을 취득하는 방법이 있었지만, 혼혈아동의 경우 아버지가 외국인인 것이 분명한 이상 그러기도 어려웠다.[13] 부 또는 모 중 한명만 한국인이어도 국적을 취득하게 부모양계혈통주의로 바뀐 건 약 50년이 지난 1998년 6월이다.[14]

당시 신분등록체계가 호주제를 따랐다는 점도 문제였다. 호주제는 "호주를 중심으로 가족 구성원들의 출생·혼인·사망 등의 신분변동을 기록"[15]하는 제도였다. 호주는 남성이어야 하고, 나머지 사람들은 호주와의 관계에 따라 신분이 등록된다. 가령 여성이 결혼을 하면 남편이 호주로 있는 호적에 입적되고 아버지가 호주로 있는 호적에서는 삭제된다. 자식은 아버지의 호적에 입적되고, 호주가 사망하면 아들이 우선적으로 호주를 계승한다.

이렇게 부계혈통주의를 따르는 호주제에서 아버지가 외국인이면 곤란에 처한다. 자식은 부의 성과 본을 따라 신분등록이 되는데, 혼혈아동은 부의 호적에 입적할 수 없었다. 한국인 어머니가 자녀를 외가 친척의 호적에 입적시켜 국적을 갖게 하는 경우도 있지만, 많은 아동은 아예 호적이 없었다고 한다.[16] 1959년

3월 기사에 따르면 당시 전체 혼혈아동 1020명 중 325명만이 한국 국적을 가지고 있었다.[17] 호주제는 한참 후인 2005년 헌법재판소의 헌법불합치 결정으로 폐지될 때까지 유지되었다.

그러니 남성 혈통을 중심으로 짜인 가부장제 사회에서 외국인 남성에게서 태어난 아동은 그야말로 '근본 없는' 존재이고 '고아'와 같았다. 한국인 어머니가 있어도 한국은 혼혈아동에게 고향이 되어주지 않고 '아버지의 나라'로 가야 한다고 주입했다. 자식을 위한다면 해외입양을 보내라고 압박하는 사람들 속에서 많은 어머니들이 다른 길이 없다는 생각에 친권을 포기했다.[18] 그런데 정말 해외입양 외에 다른 길이 없었을까? 호주제와 국적법을 고쳐서 이들이 한국 국적을 취득하고 살게 할 수는 없었나?

생각해보면 당시는 대한민국이 역사상 처음으로 평등과 자유를 기본 정신으로 하는 민주주의 헌법을 채택하고 정부를 수립한 때다. 이전의 조선시대나 일제강점기와는 근본적으로 다른, 새로운 사회질서를 수립하기 위해 근대화된 법제를 만들던 시기다. 제헌헌법 제8조는 "모든 국민은 법률 앞에 평등"하다며 "성별"에 의한 차별을 금지하고, 제20조는 "혼인은 남녀동권을 기본으로 하며"라고 규정하고 있었다.[19] 가족제도도 민주주의체제에 발맞추어 남녀평등을 기초로 재정비하는 것이 오히려 당연한 수순이었다.

이상하게 가족제도는 예외였다. 가족에 관해서만큼은 평등보다는 전통을 수호해야 한다는 주장이 지배적이었다. 민주주의 이념이나 헌법 자체가 서구에서 기원한 것인데, 유독 가족에 대해서만은 한민족의 '미풍양속'을 지켜야 한다는 주장이 우세했다. 양현아의 분석에 따르면, "가족법〔은〕 서구법이 아닌 그 민족 고유의 '관습'을 따라야 한다는 원칙 자체가 일제의 식민정책에 의해 수립된 것"임에도 불구하고 말이다.[20] 그리하여 평등은 전통적 가족질서를 해치지 않는 범위 내에서 허용된다는 생각은, 지금까지도 가족제도를 "동결"시키는 "절대적인 원리"가 되었다.[21]

사회는 가족제도를 바꾸는 대신 혼혈아동과 그 어머니에게 비난의 화살을 돌렸다. 어머니는 미군과 성매매를 한 '타락한' 여성으로 인식되었고, 혈통이 다른 존재를 낳았다는 비난을 받았다. 혼혈아동은 한국 땅에서 없어져야 하는 수치스러운 존재로 취급당했다. 소위 '양공주'의 자식, 단일민족이라는 순수한 혈통을 훼손한 존재, 아버지 없는 아이라는 꼬리표가 붙었다. 사회복지사들은 혼혈아동이 한국에 살면 평생 차별받을 테니 입양을 보내라고 그 어머니들을 회유했다고 한다.[22] 차별받는 고통을 염려하는 마음이 진심이었을지 몰라도, 그 고통을 해결하는 방법이 해외입양일 수밖에 없었을까.

당시 대통령인 이승만은 반공과 통일을 목표로 단일민족의 혈통과 공동운명을 강조하는 '일민주의一民主義' 이념을 세웠다.[23] 그런데 아이러니하게도 대통령 자신의 부인은 오스트리아 출신의 여성이었다. 부계혈통 가부장제에서 아내가 외국인인 것은 별 문제가 되지 않았던 것 같다. 당시 국적법에서 '대한민국의 국민의 처가 된 자'는 자동적으로 한국 국적을 취득했다.[24] '혼혈'을 모두 해외로 보내려고 할 정도로 '순혈'을 강조하면서도 남성의 피만을 고려하는 부조화가 그때 한국사회에서는 이상하지 않았나보다.

하필 해외입양이란 방법을 찾은 것도 가부장제 질서에서 '최선의' 선택이라고 보아서였을 것이다. 모든 것이 남성을 중심으로 설계된 사회에서 남편 없는 여성이 자식을 키우며 살아갈 방법이 거의 없다는 걸 국가도 잘 알고 있었다. 남편 없이도 여성이 독립적으로 일하면서 자녀를 양육할 수 있도록 사회구조를 바꾸거나, 아니면 국가가 비용을 감당해서 이들을 돌보아야 하는 상황이었다. 그런데 아동을 해외로 내보낼 수 있다면 고민을 일거에 해결할 수 있었다. 가부장제 질서를 건드리지 않고, 사회보장 비용을 들이지도 않으면서, 심지어 입양을 통한 외화수익도 얻었다.[25]

이 '최선의' 방법은 경제성장기에도 계속되었다. 해외입양 아동의 수는 더 폭발적으로 증가했다. 보건복지부 통계에 의하면, 1958년부터 1969년 사이에 해외입양 아동이 7867명이었다. 이후 1970년대에 4만 6035명, 1980년대에 6만 6511명이 해외로 입양되었다. 한국이 OECD에 가입한 1996년 이후에도 그 수는 꾸준히 연간 2천명 이상이었고, 2000년대 후반부터 연간 1천명 이상, 2012년 입양특례법 개정 후에도 코로나19 이전인 2019년까지 거의 연간 3백명 이상 수준으로 계속되었다.[26] 대부분 '미혼모'의 자녀였다.[27] 이 사회는 그렇게 가부장제를 유지하고 사회보장 지출을 아끼며 경제발전을 이뤄왔다.

해외입양은 무엇을 위한 '최선'이었을까? 얼마 전 해외입양인 3백여명이 해외입양 과정에서 인권침해가 있었다며 진실·화해를위한과거사정리위원회(약칭 '진실화해위원회')에 조사를 신청했다. 이들은 혼혈아동의 해외입양이 "인종청소"에 해당하는 "반인륜범죄"였다고 말한다. 경제성장기에 계속된 해외입양에서도 부모가 있는 아동을 '고아'라고 서류를 조작하는 등 정부와 입양기관이 인권침해를 자행한 역사를 밝히기를 요청한다.[28] 그리고 지난 2022년 12월 진실화해위원회는, 1960년부터 1990년경까지 네덜란드, 노르웨이, 덴마크, 독일, 미국, 벨기에 6개국에 입양된 34명의 사건에 대한 조사를 개시한다고 발표했다.[29]

실로 잔인한 역사가 아닌가. 이 땅에 태어난 사람을 사라지게 만든 '추방'의 역사라니. 그런데도 사람들은 계속하여 아동이 한국에서 심각한 차별을 받을 테니 떠나보내야 한다고 했다. 마치 아동을 위한 최선의 길인 것처럼 말이다. 정말 아동을 위한 최선은 이 땅에 함께 살도록 제도를 고치고 사회를 바꾸는 방법이 아니었을까. 하지만 한국사회는 변화의 노력을 기울이지 않는 방법을 선택했다. 그렇게 아주 오랫동안, 가부장제를 지키고 경제발전을 최고의 가치로 삼으며 사람을 떠나보냈다.

출산의 자격

2018년 국가인권위원회가 '장애인 모·부성권 증진을 위한 실태조사'를 실시했다. 설문지에 포함된 문항 중 하나를 소개한다. 이 책을 읽고 계신 당신도 잠시 다음의 문장을 읽고, 평소 자신의 생각에 더 가까운 쪽으로 답을 선택해주길 바란다.

"직접 양육이 어려운 장애인 부부는 임신이나 출산을 하지 않는 것이 더 낫다고 본다."
① 예   ② 아니오

비장애인 605명이 이 설문조사에 참여했다. 결과는 어땠을까? '예'라는 응답이 70퍼센트였다. 이에 동의하지 않는 사람들은 30퍼센트에 불과해, 장애인 부부가 자녀양육이 힘들다면 임신이나 출산을 안 하는 게 좋겠다고 생각하는 사람들이 압도적으로 많았다.[30] 하지만 알다시피 임신·출산은 장애인을 포함한 모든 사람의 권리, 즉 인권이다.[31] 양육에 어려움이 있는 장애인 부부가 있다면 그에 필요한 지원을 해야지, 임신·출산을 하지 않는 게 낫다고 말한다면 차별이 될 수 있다. 그런데 사람들이 왜 이렇게 대답했을까?

앞의 결과와 비슷하다면 당신의 답도 '예'로 기울지 않았을까 조심스럽게 추측해본다. 그런데 아마 이런 생각이 마음에 있지 않을까 싶다. '현실적으로 지원이 부족하니까 그렇게 대답한 것이지, 만일 국가가 장애인 부부를 충분히 지원할 수만 있다면 나의 대답이 달라질 거야!'라고. 앞의 실태조사에서도 국가가 장애인에게 양육지원을 해야 한다는 데 94퍼센트가 동의했다.[32] 그래도 혼란은 남는다. 지금과 같은 현실적 여건에서는 결국 장애인의 출산이 환영받지 못하는 건 달라지지 않을 테니 말이다.

임신·출산이 개인의 권리는 맞지만 장애인 부부는 임신·출산을 하지 않으면 좋겠다는 이 모순적인 마음을 들여다보자. 아마 아이를 염려하는 생각에서 선뜻 부모의 결정을 환영하지 못하는 경우가 대부분일 테다. 아이가 불행한 인생을 살 것이라고 생각하면 부모가 자신의 권리를 내세우는 게 '이기적'이라고 여기게 되는 거다. 근데 이런 표현은 장애인 부모가 아니라도 종종 듣는다. 비혼 여성이 자녀를 출산하겠다고 말하면, 아빠 없이 자랄 아이를 생각하라며 사람들이 말리는 소리를 듣지 않던가. 여기서 권리를 내세우면 이기적인 사람이 된다. 가난한 처지에 자녀를 여럿 낳아도, 자녀를 생각지 않는 이기적인 결정이라고 비난받을 수 있다. 즉, 어떤 상황에서 출산은 종종 '이기적'인 행동이라고 사회적으로 평가받는다.

그럼 어떻게 해야 이기적이지 않은 출산을 할 수 있을까? 앞에 언급한 몇가지 비난을 바탕으로 역으로 유추해보자. 일단 비장애인이어야 하고, 남녀가 결혼을 한 상태여야 하며, 돈이 어느 정도 있는 환경에서, 적정한 수의 자녀를 낳아야 한다. 적정한 자녀수를 인구대체율(현 인구 수준을 유지하는 합계출산율)인 2.1명을 고려해 대략 정리해보자면, '중산층 이상의 결혼한 비장애 이성 부부와 자녀 2명으로 구성된 가족' 정도면 이기적이라는 비난을 받지 않을 것 같다. 말하자면 '출산의 자격'이랄까.

한국사회에 암묵적으로 이런 식의 '출산의 자격'이 있다는 건 익숙하지만 이상하기도 하다. 2장에서도 언급했지만, 출산은 분명 아이를 낳고 키우는 양육자의 일이고 사생활의 영역인데, 다른 가족과 이웃의 욕망이 개입되고, 더 나아가 마치 공공의 사안인 것처럼 국가와 사회의 압박이 미친다. 마치 출산의 결정이 개인의 권리가 아니라 국가·사회에 대한 의무와 책임을 이행하는 일처럼 느껴지게 만든다.

거슬러 올라가보면 유교 질서에서 출산은 가문을 잇는 방법이었으니 온 가족의 이해관계가 걸린 일이 맞았다. 출산은 가족에 대한 의무였고, 여성에게 주어진 가장 중요한 역할이었을 것이다. 그리고 유교적 가족 관념이 근대를 거치며 '국가'라는 관념을 형성하는 토대가 되었다. '국가'라는 용어 자체가 '나라' 국國, '집' 가家를 합친 것으로, 국가란 곧 '큰 집'이자 하나의 가족으로 개념화되었다.[33] 이렇게 보면 출산은 국가를 존속시키는 방법으로서 온 사회의 이해관계가 걸린 일이 된다. 그럼 출산은 국민의 의무요, 국가는 개인의 출산을 간섭하고 통제해도 된다는 뜻인가?

세계적으로 보면 많은 국가들이 출산에 공격적으로 개입하기 시작한 계기가 있다. 20세기 초 우생학의 등장이다. 인간 중에 더 우수한 인간이 있다는 생각, 우수한 종을 번성시키고 열등한 종을 소멸시켜야 한다는 생각이 의학과 과학의 이름으로 퍼졌다. 많은 국가들이 민족을 개량하고 문명사회를 수립한다는 장대한 계획을 세웠다. 열등한 종을 없애야 했고, 그래서 강제불임을 실시하기 시작했다. 그렇게 미국, 독일, 덴마크, 노르웨이, 스웨덴, 핀란드 등이 공공정책의 이름으로 강제불임을 법제화하고 시행했다.[34]

잘 알려진 역사적 만행인 나치의 대학살의 배경에도 우생학이 있었다. 나치는 1933년 '유전적 결함을 가진 자손의 예방을 위한 법률'을 제정해 1939년까지 지적장애, 조현병 등으로 판정된 약 37만 5천명에게 단종수술을 실시했다. 1935년에는 '혼인보건법'으로 정신장애, 유전병, 감염병 등이 있는 사람의 결혼을 금지했다. 그리고는 'T-4' 작전 아래 장애, 질병, 반사회적 행동 등으로 '쓸모없다'고 분류된 최소 7만명을 가스실에서 살해했다.[35] 이들을 돌보는 데 필요한 경제적 부담을 피하는 한편, 나머지 '쓸모있는' 사람들로 우수한 민족을 만들기 위한 프로젝트였다.

한국은 1910년대 후반 우생학을 받아들이고 1933년 조선우생협회를 창립하면서 민족개선을 주창하는 우생운동을 전개했다.[36] 이런 분위기에서 한센인이 강제불임의 대상이 되었다. 1930년대부터 1990년 전후까지 한센인은 병원 등 요양시설에 격리수용되어 생활하며 배우자와 동거하기 위해서는 단종수술을 받아야 했다. 임신하는 경우 임신중절수술을 강요받기도 했다. 당시에 이미 한센병이 유전병이 아니라 세균성 감염병임이 밝혀졌고, 1950년대부터는 치료제의 보급으로 완치가 가능했음에도, 국가는 오랫동안 강제불임정책을 유지했다.[37]

　장애인도 강제불임의 대상이 되었다. 1999년 발표된 한 조사는 여섯곳의 사회복지시설에서 1983년부터 1998년까지 지적장애인 66명(남성 40명, 여성 26명)이 강제불임수술을 당했다는 사실을 밝혀냈다.[38] 사회복지시설이 독단적으로 행동한 것이 아니었다. 담당 공무원이 협조했고, 정부기관인 보건소와 대한가족계획협회를 통해 불임수술이 이루어졌다. 1973년 제정된 모자보건법에 따르면 유전성 질환을 가진 사람의 강제불임을 국가가 명령할 수도 있었다.[39] 모자보건법의 목적은 처음부터 "건전한" 자녀의 출산과 양육을 도모한다는 우생학적 관념에 기초했다.[40] 건전한, 즉 사전적 정의로 "병이나 탈이 없이 건강하고 온전"한 자녀를 출산하는 일은 산업화 시대에 필요한 질 높은 인력을 확보하는 국가적 과제였다.[41]

　국가가 강제불임수술을 명령하는 제도는 1999년 2월에 폐기되지만, 모자보건법에는 지금까지 우생학적 조항이 남아 있다. 부 또는 모에게 "우생학적 또는 유전학적 정신장애나 신체질환이 있는 경우" 인공임신중절수술을 허용한다는 모자보건법 제14조다. 불임수술을 강제하는 건 아니지만 우생학적으로 덜 가치 있는 사람이 있다는 섬뜩한 관념이 숨어 있다. 국가인권위원회는 이 조항이 "장애여성 당사자의 동의 없는 강제불임시술이나 낙태를 정당화"하고 "장애인을 열등한 존재로 인식하게 하는 낙인효과"를 초래할 수 있다고 우려하는 의견을 표명하기도 했다.[42]

과거만큼 노골적이지는 않더라도, '건전한 자녀'를 생산하지 못하는 사람에 대한 사회적 질타는 오늘날에도 면면히 계속된다. 누군가 사회가 원치 않는 출산을 할 때, '이기적'인 행동이라며 출산을 결정한 그 개인에게 잘못의 책임을 돌리면서 말이다. 그렇게 사람들은 혼혈아동에게 그랬듯, 아동을 사회적 차별과 불행한 인생으로부터 '보호'한다는 명목으로 장애인과 그의 가족에게 간섭한다. 그리하여 실제로 장애인이 출산과 가족생활을 꿈꾸기 어려운 사회를 만든다.[43] 여전히 우생학에 기반한 차별은 '정상적'이고 '우수한' 사람만이 출산하고 출생하도록 자격을 부여하는 기제로 작동하고 있다.

재생산이라는 권리

강제불임 외에도 결혼금지는 '열등한' 사람의 출산과 출생을 통제하는 방법 중 하나였다. 앞서 언급한 대로 독일의 나치는 1935년 혼인보건법으로 정신장애, 유전병, 감염병 등이 있는 사람의 결혼을 금지했다. 같은 해에 제정된 '독일인 혈통과 명예 보호를 위한 법'은 독일계 혈통과 유대인 사이의 결혼과 성관계를 금지했다.[44] 미국에서는 19세기 후반부터 우생학의 영향으로 지적장애인·정신장애인 등의 결혼을 금지하는 법이 제정되었다.[45] 백인과 다른 인종의 결혼을 금지하는 법은 17세기부터 시작해 1967년 연방대법원의 '러빙 대 버지니아'Loving v. Virginia 판결로 폐기되기까지 많은 주에서 시행되었다.[46]

우생학적 논리에서 이민자도 선별적으로 통제되었다. 우수한 종족의 번성을 위해 열등한 종족의 인구증가를 막아야 한다는 것이었다. 미국은 초창기에 이주한 서유럽인을 중심으로 국가를 유지하고자 1924년 이민법Immigration Act에서 쿼터제를 도입했다.[47] 결과적으로 이탈리아, 헝가리, 튀르키예 등 남유럽과 동유럽 출신을 대폭 제한했다. 아시아인은 전면 금지되었다. 이민자 가족이 동반 이주하기도 어렵게 만들어 많은 경우 서로 떨어져 살아야 했다.

현재 한국에는 거의 10년 가까이 한국에 체류해도 가족을 동반할 수 없는 이주민들이 있다. 정부는 장기로 한국에 체류하는 외국인들에 대해 대부분의 경우 가족과 함께 생활하는 것이 당연하다고 생각해 배우자와 미성년 자녀 등 가족에게도 체류자격을 인정한다. 반면 고용허가제를 통해 들어오는 이주노동자에 대해서는 가족 동반을 허용하지 않는다.[48] 중소제조업, 건설업, 농축산어업 등 한국인이 기피하는 영역에서 일하는 이주노동자들이다. 이유는 분명치 않다. '저숙련노동자'라는 지위 때문일까? 저숙련노동을 한다고 가족이 덜 중요하지 않을 텐데 유독 이들의 가족을 떼어놓는, 차별적이지 않은 정당한 이유가 있을까 싶다.[49]

사람의 가치에 우열을 매기는 우생학적 관념은 역사적으로 수많은 소수자 차별의 이론적 기반이었다. 인종주의, 외국인혐오, 장애인차별, 성소수자혐오, 경제적으로 낮은 계층에 대한 낙인 등 집단 사이에 위계를 세우고 열등한 집단을 격리하고 배제하려는 시도가 이어졌다. 처음에 우생학은 인류의 발전을 도모하는 것처럼 보였겠지만, 결국엔 소수자에 대한 폭력을 정당화하고 인간을 '쓸모'로 평가되는 도구적 존재로 격하시켰다. 그럼에도 사회는 여전히 명시적 혹은 암묵적으로 '경제발전'을 위한 '인력'으로서 사람의 가치를 따지며, 우생학의 관념 속에서 '인구'를 바라본다.

때때로 가장 강력한 차별은 온정적인 얼굴을 하고 다가온다. 태어날 아이의 불행을 예고하는 염려가 자기실현적 예언이 되는 것이다. 사람들은 출산을 생각하는 사람에게 온정적인 염려와 경고를 보냄으로써, 세상의 차별이 앞으로도 변함없이 계속될 것임을 기정사실화한다. 그리하여 실제로 닥치는 불행은 오롯이 출산을 '선택'한 개인의 책임으로 돌린다. 결국 그렇게 차별을 보존하고 전승하며 어떤 집단의 미래를 영구적으로 불행하게 만드는 행위에 (의도치 않게) '가담'한다. 그런데 이런 식으로 어떤 사람들을 이 땅에 오지 못하게 막는 행위는 얼마나 폭력적인가?

뒤집어 생각하면, 아동의 인생을 생각해 부모가 출산을 포기해야 한다는 말은, 사회가 변화를 도모하지는 않겠다는 변명일 수 있다. 반대로, 부모가 출산에 대한 결정을 자유롭게 내릴 수 있는 사회는 이미 아동에게도 좋은 사회일 것이다. 태어나는 아이에게 죄책감을 느끼지 않아도 되는 사회라면, 이미 불합리한 차별이 없는 세상이란 뜻일 테니 말이다. 우리는 누군가의 출산을 막을 것이 아니라 출생으로 등장하는 예측 불가한 구성원을 위해 변화하며 공동체를 형성하는 법을 배워야 한다.

그래서 임신·출산이 국가적 '수단'이 아니라 국가가 보장해야 할 개인의 '권리'임을 확인하는 일이 중요하다. 개인은 임신·출산에 관해 자유롭고 책임 있게 결정할 권리를 지니며, 국가는 모든 사람이 이 권리를 향유하고 건강을 누릴 수 있도록 보장할 의무가 있다. 이를 '재생산 권리'reproductive rights라고 한다. 1994년 카이로에서 열린 '유엔 인구 및 개발에 관한 국제회의'UN ICPD에서 채택된 행동강령은 재생산 권리를 이렇게 정의한다.

〔재생산 권리는〕 모든 커플과 개인이 자유롭고 책임 있게 자녀의 수와 터울을 결정하고 이를 위한 정보와 수단을 이용할 기본적인 권리와, 최상의 성과 재생산 건강을 유지할 권리를 인정하는 데 바탕을 두고 있다. 또한, (⋯) 차별, 강요, 폭력 없이 재생산에 관련된 의사결정을 내릴 권리를 포함한다.[50]

재생산 권리가 단순히 '선택'의 문제라고 할 수는 없다. 국가의 강압이 없더라도 개인이 내린 선택의 결과가 여전히 차별적일 수 있기 때문이다. 가령 산전검사를 통해 태아에게 장애를 발견한 경우의 선택에 대해 생각해보자. 누군가 태아의 장애를 이유로 임신중지를 결정할 때, 그 '선택'을 하기까지 주변으로부터 가족이 짊어질 고통에 관해 얼마나 많은 '조언'을 듣는지 생각해야 한다.[51] 사람들은 현실의 차별과 불평등을 고려해 재생산에 관해 조언하고 결정을 내릴 뿐이겠지만, 우생학적 질서가 그러한 '선택'을 통해 유지된다. 이 악순환의 고리를 어떻게 끊을까?

2017년 2월 대법원은 강제적인 불임수술과 임신중절수술의 피해를 입은 한센인들에 대해 국가배상책임을 인정하는 판결을 내렸다. 본인이 원하지 않은 수술을 국가가 강제해 개인의 헌법상 신체를 훼손당하지 않을 권리를 침해하고 이로써 가족을 구

성하고 행복을 추구할 권리를 부당하게 침해했다고 아래와 같이
인정했다.

〔한센인들에게 시행한 정관절제수술과 임신중절수술은〕
한센인들의 임신과 출산을 사실상 금지함으로써 자손을 낳고
단란한 가정을 이루어 행복을 추구할 권리는 물론이거니와
인간으로서의 존엄과 가치, 인격권 및 자기결정권, 내밀한 사
생활의 비밀 등을 침해하거나 제한하는 행위임이 분명하다.[52]

당시 정부 측은 한센인들이 수술에 동의했다고 항변했다. 하
지만 대법원은 이를 '동의'라고 인정하지 않았다. 동의는 "자유
롭고 진정한 의사"에 의해 이루어져야 하는데, "사회적 편견과
차별, 열악한 사회·교육·경제적 여건 등으로 인하여 어쩔 수 없
이" 이루어진 동의는 사실상 공권력에 의한 강제라고 보았다.

해외에서는 과거의 트랜스젠더 강제불임에 대해 국가배상책
임을 인정한 소식이 들려온다. 얼마 전 스웨덴 의회는 1972년부
터 2013년까지 원치 않게 불임수술을 받아야 했던 트랜스젠더
약 600~700명에게 국가가 배상하도록 결정했다.[53] 네덜란드 정
부는 1985년부터 2014년까지 공문서상의 성별정정을 위해 강
제불임을 요구했던 과거에 대해 공식적으로 사과하며, 피해를

입은 트랜스젠더 약 2천명에게 배상하기로 했다.[54] 한국도 언젠가 트랜스젠더에 대해 한센인 강제불임 사건과 비슷한 결정을 내리게 될까?

재생산 권리를 보장한다는 건 임신·출산에 관한 개인의 결정을 존중하는 일이기도 하지만, 그렇게 하여 출생하는 사람을 존엄하고 평등하게 대우하겠다는 약속이기도 하다. 차별을 용인하고 묵인할 때에는 누군가의 출산을 막는 일이 아동의 권리를 옹호하는 일처럼 보였겠지만, 차별과 맞서기로 결정한다면 양육자의 권리가 곧 아동의 권리이고 그 가족의 권리를 옹호하는 일이 모든 사람의 차별받지 않을 권리를 옹호하는 일이 된다. 그리하여 트랜스젠더가 출산을 할 수 있는 세상은, 성별이라는 오래된 구획에서 조금 더 자유로워진다는 의미일 수 있다. 다음 장에서 보듯 성별분업 관념이 익숙한 한국사회에서는 아직 낯선 상상이긴 하겠지만 말이다.

4장

역할은
성별에 따라
평등하게?

두 명의 엄마

미국 매사추세츠주에서 동성혼이 인정되기 11년 전, 1993년의 일이다. 두 여성이 5세 여아인 태미^{Tammy}를 공동으로 입양하겠다고 법원에 신청했다. 두 여성의 이름은 수전^{Susan}과 헬렌^{Helen}. 수전과 헬렌은 10년 이상 함께 산 커플이고, 태미는 수전이 인공수정을 통해 낳은 아이였다. 헬렌은 태미를 직접 낳지는 않았지만 두 사람이 함께 임신을 계획했고 공동으로 태미를 양육해왔다. 그러니 헬렌도 법적으로 태미의 엄마로서 관계를 인정해달라고 한 사건이다.[1]

당시로서는 동성혼이 인정되지 않았으므로 두 사람은 동거를 하고 있지만 각각 비혼인 상태였다. 법적으로는 수전이 태미의 엄마였다. 헬렌은 태미의 두번째 엄마가 되고자 했다. 만약 법원이 수전과 헬렌의 공동입양을 인정하면, 태미에게는 엄마가 두명이 된다. 과연 법원은 어떻게 판단했을까? 지금 한국 상황에서 일어난 일이라면 법원이 어떻게 판단해야 할까?

아마도 이야기를 여기까지 들려주고 의견을 묻는다면, 당연히 입양 신청을 기각해야 한다고 생각할지도 모르겠다. 엄마가 둘이라니 말도 안 된다고 말이다. 3장에서도 본 익숙한 반응처럼, 평생 차별을 받을 태미의 앞날은 얼마나 불행할 것이며, 그런데도 헬렌이 엄마가 되려고 하는 것은 자기 욕심이라고 비난하지 않을까. 무엇보다 아이가 잘 자라려면 엄마와 아빠가 모두 있어야 하는데, 엄마만 있는 건 아동에게 최선의 양육 환경이 아니라고 생각하지 않을까.

그런데 몇가지 사실이 더 있다. 수전과 헬렌은 둘 다 외과 의사다. 두 사람 각기 병원에서 일을 하면서 모두 하버드 의과대학 교수로도 활동하고 있다. 지금 살고 있는 집은 10년 전에 공동으로 구입한 것이다. 헬렌은 가족 내에서 전해지는 유산이 있는데, 태미의 입양이 인정되면 그 유산이 태미에게로 갈 수 있다. 만약 입양이 인정되지 않으면 유산은 다른 사람에게 넘어간다.

태미는 수전과 헬렌을 둘 다 '엄마'라고 부른다. 수전과 헬렌은 양육을 똑같이 분담해서 한다. 헬렌은 보통 주중에 태미와 점심을 같이 먹고, 주말에는 세 사람이 함께 놀러가거나 집안일을 한다. 두 사람이 모두 일하는 동안에는 아이돌보미가 있어 태미를 보살핀다. 서너달에 한번씩은 셋이서 휴가를 보내는데, 친척들이 있는 캘리포니아와 멕시코에서 지내곤 한다.

주변 사람들은 수전과 헬렌이 좋은 양육자고 태미에게 좋은 양육 환경이라고 말한다. 이웃, 친척, 신부, 수녀, 동료, 태미의 교사, 정신건강 전문가까지도 동의한다. 수전과 헬렌은 공동입양을 신청하는 이유를 이렇게 말한다. 혹시 두 사람이 헤어지더라도 헬렌이 동등하게 양육의 책임을 지고 권리도 가지기를 원한다. 태미에게는 수전 혼자 엄마로 있는 것보다 헬렌까지 엄마가 두명인 게 더 이롭다.

이런 상황이라면 어떤가. 생각이 좀 바뀌었는가? 1993년 매사추세츠주 대법원은 두 사람의 공동입양을 인정했다.[2] 입양에서 가장 중요한 판단기준은 '아동 최선의 이익'이다. 입양이 인정되면 태미의 삶은 지금처럼 안정적으로 유지된다. 입양이 인정되지 않으면, 수전이 헬렌보다 먼저 사망하거나 두 사람이 헤어지게 될 때 태미의 삶이 불안정해진다. 정신과 전문의도 증인으로 나서 양육자의 성별이 아니라 가족의 안정과 행복이 아동발달에 중요하다고 했다. 법원이 입양을 인정할 이유는 충분했다.

30년 전의 이 판결은 미국에서 동성커플의 자녀양육을 공식적으로 인정한 중요한 판결의 하나였다. 당시 동성커플이 아이를 양육하면 아동발달에 해롭다고 여기는 사람들이 많았는데, 구체적인 상황을 놓고 보니 달랐다. 이성커플이라고 모두 좋은 양육자가 아닐 수 있듯 동성커플이 모두 좋은 양육자라고 단정할 수는 없지만, 또 동성커플이 모두 나쁜 양육자라고 할 수도 없었다. 중요한 건 아동의 이익이므로, 단지 동성커플이라고 입양을 불허하면 안 되고 개별적으로 심사해야 한다고 법원은 본 것이다.

어떻게 보면 너무나 단순한 이야기다. 경제적으로 안정되고 아이와 시간을 나누며 서로 돌보는 두 사람이 공동으로 양육을 책임진다는데, 그 자체로 좋은 가족 환경이라 생각하지 않았겠는가. 그렇다면 과연 가족이란 무엇인가 근본적인 의문을 갖게 된다. 반드시 남성과 여성이 결합하여 자녀를 낳는 것이 가족의 본질일까? 생각보다 우리의 실제 삶에서 가족이란 생활공동체라는 성격으로 더 잘 설명되지 않던가? 어쩌면 좋은 양육자란 사실 성별과 별로 관계없을지도 모른다.

그런데 한편으로 씁쓸한 의문도 남는다. 만약에 엄마가 되는 두 사람이 의사가 아니었대도 이런 생각이 들었을까? 헬렌과 수전처럼 교육 수준, 소득, 사회적 지위 등의 면에서 볼 때 상위 계층의 두 사람이 양육자로 등장하니, 엄마나 아빠가 둘이라는 사실은 신기할 정도로 갑자기 별 문제가 아닌 것처럼 느껴진다. 아니, 너무 좋은 양육자라는 생각까지 들 수 있다. 아이는 아마도 아주 높은 확률로, 풍족한 환경에서 최고의 교육을 받을 것이고 좋은 직업을 가지게 될 것이라 예상되니 말이다.

30년 전 미국의 두 엄마의 이야기로 시작된 이 질문들을 앞으로 두장에 나누어서 생각해보려 한다. 이번 장에서 먼저 자녀에게 성별이 다른 두 사람이 양육자로 있어야 온전한 가족이라고 생각하는 관념을 돌아본다. 왜 엄마와 아빠가 있어야 할까? 성별에 따라 역할이 어떻게 다르기에 양육자의 성별이 문제되는지, 성평등을 추구해온 오랜 역사에도 불구하고 끈질기게 남아 있는 성별분업 관념을 돌아본다. 가족의 사회경제적 지위로 인한 불평등에 관해서는 6장에서 이어가기로 한다.

'꿈'의 가족

1992년 노벨경제학상 수상자 게리 베커 Gary Becker 는 『가족에 대한 논고』A Treatise on the Family 에서, 분업을 하면 가족의 효용이 높아진다고 주장했다.[3] 가족 구성원이 임금노동과 가사노동을 나누어 특화하면 가족 전체에 더 이익이라는 것이다. 그럼 어떻게 역할을 나누면 좋을까? 가족회의를 해서 정하나? 싱거운 질문처럼 들린다면, 이미 현실에서는 대략 역할이 정해져 있다는 얘기다. 성별을 기준으로 역할을 나누는 거다. 아빠가 가장으로서 밖에 나가 돈을 벌고, 엄마가 전업주부로서 집에서 자녀를 돌보는 오래된 그림, 이른바 '남성 생계부양자 모델'이다.

물론 너무 옛날얘기처럼 들리기도 한다. 2021년 양성평등 실태조사에서 '가족의 생계는 주로 남성이 책임져야 한다'고 생각하는지 물었다. 29.9퍼센트가 동의했다. 2016년까지만 해도 동의한다는 응답이 42.1퍼센트였는데, 현격히 줄어든 수치다. 한데 남녀 차이가 있다. 여성은 24.1퍼센트가 동의했는데, 남성은 35.7퍼센트가 동의했다. 19~29세 응답자만 보면, 여성 9.6퍼센트, 남성 17.5퍼센트로 두배에 가깝게 남성의 동의가 많다.[4] 책임 부담을 생각하면 남성 쪽에서 동의가 더 적어야 할 것도 같은데, 희한한 일이다. '능력 있는 가장'이란 로망 혹은 압박이 아직 남성들의 마음에 남아 있는 것 아닐까.

그런데 잘 알다시피 '능력 있는 가장'과 그가 먹여 살리는 가족이란 상像은, 그게 로망이든 압박이든 무엇이든, 현실에서 원한다고 쉽게 이루어지는 일은 아니다. 소박해 보이는 이 꿈이 뜻대로 되지 않을 때 남성은 무능력한 자신을 탓하며 자괴감에 빠질 수도 있겠지만, 사실 냉정하게 따져보면 이는 꽤나 비현실적인 가정 위에 올려진 '꿈'이다. 뒤에 이어서 이야기 나누겠지만,

사회가 이런 꿈을 제도적이고 구조적으로 채택한다는 건, 그냥 어느 한 사람의 개인적인 꿈과 차원이 다르다.

사회가 성별분업을 지배적인 관념으로 채택하면 연쇄작용이 생긴다. 생각해보자. 성별분업이 가능하려면 남성 한 사람의 노동으로 가족 구성원 모두가 생계를 유지할 수 있어야 한다. 그래서 사회는 일자리를 남성에게 우선하여 준다. 이런 사회가 되면 여성은 마땅한 일자리를 갖기 어렵고, 어쩔 수 없이 남성에게 의존해야 한다. 따라서 성별분업이 일종의 '이념'으로 자리잡은 사회에서 결혼은 (특히 여성에게) 중요한 생존조건이 된다. 그것도, 결혼한 상태가 평생 유지되어야 한다. 남성에게 부여된 과업도 만만치 않다. 남성은 가족 전체를 부양할 수 있을 정도로 소득이 넉넉해야 한다. 문제는, 이런 기대가 얼마나 현실적으로 실현 가능한지다.

우선 결혼기간에 대해 생각해보자. 2013년 통계청이 발표한 혼인상태생명표에 따르면, 2010년생 기준으로 평생 한번이라도 결혼할 확률은 여성 84.9퍼센트, 남성 79.1퍼센트로 추정되었다. 대략 6명 중 한명은 비혼으로 생을 마친다는 뜻이다. 결혼을 하더라도 10명 중 2~3명은 이혼하고 이 중 절반을 조금 넘는 사람들이 재혼한다. 이혼하지 않아도 여성의 61.7퍼센트, 남성의 17.3퍼센트는 배우자가 먼저 사망하고 혼자 남게 된다. 평균적으로 생애에서 배우자가 있는 기간이 여자 33.9년, 남자 32.7년이라고 추정되니, 사람들은 대략 인생의 반은 배우자 없이 지내도록 준비해야 한다.[5]

오늘날 '평생'의 의미가 예전과 다른 탓도 있다. 1955년생의 출생 당시 한국인의 기대수명은 49.1세에 불과했다. 그런데 1975년생 64.6세, 1995년생 73.9세이며, 2025년생은 84.4세로 70년 전에 비해 1.7배 증가했다.[6] 흔히 결혼이 백년가약이라고 말하지만, 실제로 백년에 이르는 오랜 기간 동안 결혼을 유지하기는 쉽지 않다. 그 시간 동안 발생할 수 있는 변수가 너무 많다.

가령 불의의 사고 혹은 질병으로 누군가 사망하는 일이 없으리라고 낙관할 수 없다. 누구에게나 언제든지 발생할 수 있는 일이다. 문제는 성별분업 관념에 기초해 지어진 사회에서는 가장에게 닥치는 불행이 나머지 가족 구성원의 생존을 위협한다는 점이다. 이혼을 하거나 아예 결혼을 하지 않은 사람에게도 '당연히' 문제가 생긴다. 무엇보다 여성의 생계가 막막해진다. 3장에서도 보았지만, 비혼모는 개인의 무능력이나 부도덕 탓이 아니라, 가족 내에 성인 남성이 없어도 잘 살 수 있게끔 사회가 설계되어 있지 않기 때문에 취약하다.

그럼 남성 한 사람의 수입으로 가족 전체가 생계를 유지하는 건 얼마나 가능할까? 19세기 영국에서는 남성의 임금 수준이 가족 전체를 부양하기에 충분할 만큼 높아야 한다는 생각에서 '가족임금'이라는 관념이 생겼다. 하지만 당시에도 많은 남성들이 가족임금을 받지 못했다. 한 연구에서 1911년의 인구조사 자료로 추정한 결과에 따르면 남성의 임금만으로 충분한 노동자 가족은 41퍼센트에 불과했고, 실제로는 많은 아내와 자녀 들이 소득활동에 참여해야 했다.[7] 흔히 한국의 전통으로 떠올려지는 남성 중심의 대가족도 지배계급인 양반이 추구하던 모습일 뿐이다. 예컨대 천민계급인 노비는 소유주인 양반의 필요에 따라 뿔뿔이 흩어져, 실상 1인 가족이 많았다고 한다.[8]

근대에 들면서 한국에서도 '능력 있는 가장'과 쌍을 이루어 '전업주부'라는 이상이 등장하였는데, 이는 장경섭의 표현에 따르면 "가족문화의 귀족화"를 추구한 결과였다.[9] 바꿔 말하면, 모두가 누릴 수 있는 가족모델이 아니었다는 뜻이다. 실제로 보통 사람들의 현실 가족은 많은 경우 이상적인 성별분업과 거리가 멀었다. 최선영·장경섭은 1932년부터 1961년까지 출생한 남성과 그 배우자의 노동생애를 추적했다. 연구 결과, 결혼 당시 취업해 있던 남성의 약 40퍼센트만이 45세까지 동일한 직업지위를 유지했고, 많은 경우 불안정한 '주변노동'으로 이동했다. 남편의 노동이 불안정해지면서 성별분업이 지속되지 못하고 아내의 취업이 증가하는 경향이 나타났다.[10]

1997년 외환위기로 가장들의 대량 실직을 겪으며 한국사회는 남성 한명에게 온 가족이 생계를 의존하는 모델의 위험성을 온 몸으로 알았다. 이런 위기는 한국사회가 성별분업의 관념을 넘어설 계기가 될 수도 있었다. 하지만 국가는 가장의 '기 살리기'에 힘쓰며 오히려 성별분업을 수호했다.[11] 「아빠 힘내세요」라는 동요가 중년의 남성들에게 힘을 주는 동안, 많은 여성들은 '가족을 책임져야 하는' 가장을 대신해 일자리를 잃거나 비정규직 등 불안정한 직업으로 옮겨가게 되었다. 같은 시기 청년들의 실업도 두드러졌다.[12] 경제적 위기의 충격은 가장 취약한 사람들에게로 향하고, 성별분업 이념의 사회구조는 이들의 생존을 더 어렵게 했다.

그러니 가족이 성별분업으로 효용을 높인다는 생각은, 현실적으로 일부의 사람들에게만 해당하는 말이다. 남성은 소득이 넉넉해야 하고 여성은 그런 남성과 평생 결혼을 유지해야 한다는, 무척 까다로운 조건을 통과해야 가능한 일이다. 이 조건을 충족하지 못하는 많은 사람들에게, 성별분업은 이루지 못할 꿈일 뿐만 아니라, 애초에 이룰 수 없는 목표를 구실로 삶의 기반을 어렵게 만든 설계다.

사실 가족의 효용만 생각하면 꼭 성별에 따라 역할을 나누라는 법은 없다. 가족 구성원들이 저마다 다른 기준으로 역할을 정하고 조정할 수도 있는 일이다. 그렇다면 오히려 궁금해지는 건, 이렇게 현실과 괴리가 있는 가족모델을 사회는 왜 오랜 세월 유일한 정답처럼 유지해왔는가이다. 1장에서 언급했듯 인류 역사에서 남성을 중심으로 가족이 형성되어온 이유에 대한 명확한 설명은 없다. 하지만 다음에서 보듯 이런 성별분업 구조를 유지하기 위해 사회가 의도적으로 노력해왔다는 점은 분명하다.

여성교육의 아이러니

2007년 11월, 한국은행이 5만원권 지폐의 인물로 신사임당을 선정한다고 발표했다. 지폐가 본격적으로 발행되기 약 1년 반 전의 일이다. 당시 한국은행이 지폐 인물을 발표한 보도자료에 따르면, 신사임당은 "조선 중기의 대표적인 여류 예술가"이자 "어진 아내의 소임"을 다하고 "영재교육에 남다른 성과"를 보여준 인물이었다. 신사임당을 「초충도草蟲圖」 등의 작품을 남긴 예술가로 높이 평가하는 말로 시작한 뒤, 이어 아내로서 남편을 "벼슬길로 나아가게" 한 것을 칭송하고, 마지막으로 어머니로서 "아홉번 과거에 일등"한 아들 율곡 이이 등을 길러낸 성공적인 이력을 소개하는 내용이었다.[13]

현행 지폐에 인쇄되는 인물로는 처음으로 여성이 선정된 것은 반가운 일이었다. 하지만 반발이 있었다. 한국은행의 소개에도 부지불식간 드러나듯, 한국사회에서 신사임당이 상징해온 의미는 무엇보다 율곡이라는 대학자를 길러내어 자식교육에 성공한 훌륭한 어머니상이었다. 여성계는 '현모양처'를 상징하는 신사임당의 지폐 인물 선정에 반대했다.[14] 대안으로 독립운동가 유관순을 지폐 인물로 선정하라는 요구도 있었지만 결국 받아들여지지 않았다.

한복을 입고 머리를 올린 신사임당의 초상화 때문일까. 현모양처는 마치 한국의 전통적인 여성상처럼 생각된다. 그런데 1장에서 보았듯 전통적인 유교 가족질서에서 여성의 주요 역할은 집안의 며느리였다. 어머니 역할은 대를 잇기 위한 '아들 생산'에 주안점이 있고, 아들을 낳는 것도 가문 계승을 위한 '효'의 일환이었다.[15] 여성의 삶은 평생 아버지, 남편, 자식에게 순종하는 삼종지도를 지키는 것이었으니, 자식교육에 앞장서는 현모양처상과는 거리가 있었다. 그럼 어쩌다가 현모양처를 전통적인 여성상으로 생각하게 되었을까?

신사임당(1504~51)이 살던 조선 중기는 유교적 가부장제가 완전히 정착하기 전이긴 해도 여성의 활동이 제약받던 시기였다고 한다. 그런 시대에 신사임당은 강릉의 친가에서 생활하며 그림을 그렸고, 여성으로서는 드물게 화가 신씨申氏로 명성을 가졌다.

신사임당이 '어머니'로 표상되기 시작한 건 17~18세기 율곡을 따르는 사람들에 의해서였다. 이들이 율곡을 숭배하는 작업 속에서 그 근원을 신사임당의 모성에서 찾았고, 그러면서 신사임당은 화가보다는 어머니로 더 강조되었다.[16]

그러다 20세기 초와 일제강점기에 현모양처 이념이 확산하면서 신사임당이 다시 등장했다. 역사학자들은 '현모양처'가 근대화 시기 일본이 채택한 '양처현모' 이념이 한국에 수용된 것이라고 밝힌다. 당시 사회가 현모양처라는 여성상의 역사적 정통성을 찾기 위해 여성 인물들을 발굴하고 칭송하는 작업을 했고, 이 과정에서 신사임당이 점차 중요한 인물로 표상되었다고 설명한다.[17] 다시 말해, 현모양처는 근대시대에 새롭게 등장한 여성상이며, 신사임당은 그 당시의 시대적 가치에 부합하기 때문에 높이 평가되었다는 것이다.

'근대'와 '현모양처'라니, 두 단어는 도무지 어울리지 않는 것처럼 보이기도 한다. 그런데 당시 사람들은 현모양처라는 여성상을 토대로, 이제 여성도 남성과 동등하게 교육을 받아야 한다며 평등이라는 중요한 근대의 가치를 역설하기 시작했다. 이 엉뚱해 보이는 연결을 1896년 5월 12일 『독립신문』 사설을 통해보자.

사나이 아이들은 자라면 관인과 학사와 상고와 농민이 될 터이요 계집 아이는 자라면 이 사람들의 아내가 될 터이니, 그 아내가 남편만큼 학문이 있고 지식이 있으면 집안 일이 잘될 터이요, 또 그 부인네들이 자식을 낳으면 그 자식 기르는 법과 가르치는 방책을 알 터이니 그 자식들이 충실할 터이요 (…) 그런즉 여인네 직무가 사나이 직무보다 소중하기가 덜하지 아니하고 나라 후생을 배양하는 권이 모두 여인네에게 있은즉 어찌 그 여인네들을 사나이보다 천대하며 교육하는 데도 등분이 있게 하리오.[18]

간단히 말하면 다음과 같다. 여성은 자라서 아내가 되고 자식을 낳아 "나라 후생을 배양"하는데, 이 직무가 남성의 직무만큼이나 소중하기 때문에 여성도 똑같이 교육받아야 한다는 것이다. 더 줄이면, 여성이 훌륭한 어머니가 되도록 교육을 받아야 한다는 주장이다. '현모'(현명한 어머니)와 '양처'(좋은 아내) 가운데에서 '현모'에 방점이 찍혔고, 이때 자녀양육은 국가적 의미를 가졌다.

그러니까 당시 여성교육을 주장하던 많은 사람들의 관심은 여성의 평등 자체보다 '국민 양성'에 있었다. 이 점에서 조선의 지식인들과 일제의 관심사가 일치했다. 조선 지식인들은 훌륭한 어머니를 통한 국민 양성으로 문명화된 강한 나라를 만들고자 여성교육을 주장했다. 일제 역시 현모양처를 문명화된 시대의 여성상으로 내세우며, 식민지 동화정책의 일환으로 제도적인 여성교육을 활용했다. 홍양희의 표현에 의하면 "현모양처는 식민주의와 민족주의의 상호 작용을 통해 만들어진 파생물"[19]이었다.

여성교육의 목적이 무엇이었든 여성이 공식적인 교육을 받기 시작했다는 사실 자체는 근대시대에 등장한 획기적인 변화였다. 과거의 유교사회에서 여성교육은 여자의 덕행, 즉 부덕婦德을 함양하는 것과 가사기술, 방적, 봉제 등을 배우는 정도였다. 문자교육은 거의 이루어지지 않아 신사임당 같은 사대부가의 여성들이나 글을 읽을 수 있었다고 한다.[20] 전통적인 사립학교라고 할 수 있는 서당은 거의 남학교였고, 근대식 교육기관이 생긴 후에야 서당에서도 여성에게 기회가 열렸다.[21]

근대식 여학교의 시작은 1886년 선교사 스크랜턴이 학생 1명으로 문을 연 이화학당(현 이화여고·이화여대 전신)이었다. 이어 1887년 정동여학당(현 정신여중·고 전신), 1895년 부산진일신여학교(현 동래여중·고 전신), 1898년 배화학당(현 배화여중·고 전신) 등 기독교계 사립여학교가 설립되었다. 1908년에는 '고등여학교령'이 선포되면서 관립여학교가 생겼다. 이후 일제강점기를 거치는 동안 여학생의 수는 늘어났다. 다만 여학교의 교육과정에

는 가사, 재봉 등 현모양처를 양성하려는 취지가 담겨 있었다.[22]

현모양처 교육은 1970년대 유신체제에서 특별히 강조되었다. 박정희 정부는 '충효' 정신을 강조하여, 부모의 은혜에 보답하듯 국가의 은혜에 보답하고 부모를 섬기듯 대통령을 섬겨야 한다는 논리를 세웠다. 권오헌의 분석에 의하면, "모든 사회관계를 가족적 관계로 전환"시킴으로써 국가의 권위에 복종하는 개인들을 길러내려는 의도였다.[23] 이번에도 '현모양처'는 국가를 위한 여성상이었다. 여성을 현모양처로 교육하는 일은 "애국애족에 투철한 민족중흥의 역군"을 배출하기 위해 중요했다.[24]

현모양처로 상징되는 신사임당은 유신체제에서 적극적으로 소환되었다. 박정희 정부 아래 1970년부터 신사임당 동상이 세워지고, 1975년 오죽헌 정화사업이 추진되며, 1977년 강원도 주문진에 사임당교육원이 개원했다.[25] 강원도는 1975년부터 시작된 신사임당상을 매년 수여하여 2023년 현재 제49회를 맞이한다. '강원특별자치도 신사임당상 조례'에 의하면, 수여 대상은 "어진 인품과 부덕을 갖춘 훌륭한 어머니로서 지역사회 발전과 향토문화 창달에 크게 기여하여 모든 여성의 귀감이 된 사람"이다.[26]

현모양처 교육은 민주화 이후로도 지속되었다. 최근까지도 학교에 "현모양처의 요람"이란 문구가 걸려 있고, "착한 딸, 어진 어머니" "부덕을 높이자" "여성의 참모습을 갖자" 등의 문구가 교훈에 남아 있다고 보고된다.[27] 이를 바꾸려는 움직임도 있다. 부산의 한 중학교에서 학생들이 전교 회의와 투표를 거쳐 교훈을 수정한 일이 알려지기도 했다. 1977년 개교 당시 제정된 교훈이 "슬기롭고 알뜰한 참여성"인데, "알뜰한 참여성"이란 문구를 바꾸어 2019년 "슬기롭고 따뜻한 참사람"으로 개정했다고 한다.[28]

현모양처 교육의 역사를 어떻게 평가해야 할까? '현모양처'라는 여성상은 여성에게 교육의 기회를 여는 열쇠였다. 하지만 철저히 성별분업에 기초한 교육목표였고, 여성의 역할을 집안으로 한정했다. 외면적으로 보면 평등을 추구하는 듯하나 여성의 자리를 가족으로 한계짓는 교육이라 처음부터 모순을 안고 있었다. 그래서 그런가. 오랫동안 사람들은 여성이 대학을 다닐 만큼 세상이 평등해졌다고 믿으면서, 동시에 대학 졸업장으로 좋은 집안에 시집가는 것을 이상적인 삶이라고 말해왔다. 모순을 눈치채지 못할 정도로 익숙하고 당연해 보이는 생각이었다.

만일 여성교육의 출발이 '현모양처 양성'이 아니라 성별을 초월한 '사람의 평등' 그 자체를 목적으로 이루어졌다면 어땠을까? 시간을 돌려 125년 전인 1898년 9월 1일 이소사·김소사('소사'란 기혼 여성을 부르는 명칭)의 이름으로 발표된 「여권통문女權通文」

의 일부를 보자. 당시 민간이 만든 여학교의 개설을 알리며 지원
자를 모집하는 글이었는데, 여성교육의 필요성을 주장하는 이유
가 앞서 본 『독립신문』 사설과 달랐다.

> 어찌하여 신체 수족 이목이 남자와 다름없는 한가지 사람
> 으로 심규에 처하여 다만 밥과 술이나 지으리오. (…) 우리도
> 혁구종신(옛것을 버리고 새것을 따름)하여 타국과 같이 여학교를
> 설시하고 각각 여아들을 보내어 갖가지 재주와 규칙과 행세
> 하는 도리를 배워 향후에 남녀가 일반 사람이 되게 하려고 곧
> 여학교를 설시하오니 (…)[29]

여성이 "남자와 다름없는 한가지 사람"이라고 한다. 교육의
목적이 현모양처 양성이 아니라 '갖가지 재주, 규칙, 도리를 배
워 남녀가 같은 사람이 되는 것'이라고 선언한다. 여성의 평등권
을 천명한 한국 최초의 여성인권선언문이다. 이 선언문을 기념
하기 위해 2019년 개정된 양성평등기본법은 매년 9월 1일을 여
권통문의 날로 지정하기도 했다. 만약 이 여권통문의 정신으로
지난 120여년 동안 교육이 이루어졌다면 우리가 살고 있는 이
사회가 지금과 조금 달랐을까?

동성커플이 여는 세계

'현모양처'라는 주문으로 열리기 시작한 교육의 기회는 이제 여성에게 완전히 개방된 듯하다. 여학생이 고등학교 졸업과 함께 바로 대학에 진학하는 비율이 2009학년도 이후로 남학생을 앞섰고 2012학년도 이후부터는 그 격차가 5~7퍼센트에 이른다고 한다. 남학생의 경우 재수를 하는 비율이 더 높은 경향이 있음을 감안해서 이 수치를 좀더 입체적으로 이해해야 하지만, 적어도 여성이라서 대학을 가지 못한다는 건 옛말이 되었다고 보인다.[30] 그런데 이런 '동등한' 교육의 기회가 곧 전반적인 성평등을 의미한다고 말할 수 있을까?

종종 언론을 통해 발표되는 국제비교지표를 보면, 한국에서 여성의 교육 기회가 경제적·정치적 활동으로 이어지지 않는 불균형한 현실이 잘 드러난다. 유엔개발계획UNDP이 발표하는 성불평등지수Gender Inequality Index를 보면, 2021년 한국의 종합순위가 15위로 비교적 높았지만, 여성의 경제활동참가율만 보면 53.4퍼센트(남성은 72.4퍼센트)로 83위를 기록했고, 국회의원 의석수 대비 여성의원 비율은 19퍼센트로 127위였다.[31] 세계경제포럼WEF에서 발표하는 성별격차지수Gender Gap Index에는 남녀의 경제적·정치적 격차가 더욱 비중 있게 반영되는 까닭에 한국의 순위가

더 낮게 집계된다. 그래서 2022년 기준 세계 99위였다.[32]

경제적 격차는 임금격차로 더욱 명료하게 나타난다. OECD가 발표하는 성별임금격차Gender Wage Gap에서 한국은 1996년 OECD 가입 이래 27년째 1위다. 그런데 순위만큼이나 임금격차의 수준이 독보적이다. 최근 OECD 자료를 보면, 회원국 44개국 중 벨기에, 콜롬비아, 노르웨이 등 5개국의 성별임금격차가 5퍼센트 미만이다. 이어 아르헨티나, 스웨덴, 뉴질랜드 등 16개국이 10퍼센트 미만, 프랑스, 멕시코, 미국 등 18개국이 10퍼센트대, 그리고 일본, 이스라엘 등 한국을 제외한 나머지 4개국이 20퍼센트대 중반 이하다. 한국의 성별임금격차는 31.2퍼센트였다(2022년 기준).[33]

한국의 성별임금격차의 원인으로는, 결혼·출산·양육 등으로 인한 여성의 경력단절이 주요하게 지적되어왔다. 통계적으로 보면 여성의 고용률이 20대 후반에는 OECD 평균보다도 높은데, 30대에 경력단절로 급격하게 하락했다가, 40대에 반등하는 'M자형 곡선'을 그린다. 게다가 여성의 일은 남성보다 비정규직과 저임금노동이 많다. 2021년 기준으로 여성 노동자 중 비정규직 비율은 50퍼센트에 가깝고(여성 47.4퍼센트, 남성 31.0퍼센트), 저임금노동자 비율도 높았다(여성 22.1퍼센트, 남성 11.1퍼센트). 여성 비율이 높은 직종의 노동가치가 저평가되기도 하고, 같은 직종과

업무임에도 달리 설명되지 않는 차별이 존재하는 등 성별임금격차를 벌리는 요인은 다층적이다.[34]

이런 현실을 보고 교육은 평등한데 노동시장이 문제라고 말해도 될까? 여성의 교육수준이 높아지면 저절로 고용상의 평등이 이루어질 것도 같지만 극복되지 않는 한계가 보인다. 앞에서 보았듯, 학교는 평등한 교육을 한다고 믿으면서 오랫동안 성별분업을 염두에 두고 교육을 실시했다. 그런데 사회가 이렇게 성별분업 이념을 유지하면서 고용상의 불평등만 해결하려 하면 곤란한 상황이 벌어진다. 여성에게 가사 책임을 맡기면서 동시에 임금노동을 기대하는 분위기가 이중의 부담을 초래하는 것이다. 이런 이중의 부담을 감당할 수 없을 때 여성들은 어떤 선택을 할까?

메리 브린턴Mary C. Brinton과 이동주는 한국과 같이 전통적인 성역할 이념을 고수하면서도 동시에 여성의 노동시장 참여에 우호적인 국가에서 특히 출생률이 낮다는 사실을 관찰했다. 여성의 경제활동 참가 자체가 출생률을 낮추는 것이 아니라, 일하는 여성에게 여전히 가사노동의 책임을 맡겨 과도한 부담을 지우는 사회에서 출생률이 낮아진다는 '상식적인' 결론이었다.[35] 이런 현상이 평등으로 가는 과정에서 과도기적으로 겪는 몸살 같은 것일 수도 있다. 브루노 아르피노Bruno Arpino 등은 27개국의 데

이터를 통해 성평등 태도와 출생률의 관계를 분석했는데, 국가가 전통적인 성역할 태도에서 벗어나는 초기에 합계출산율이 떨어지는 현상을 관찰했다. 하지만 이후 사회적으로 평등의식이 정착하면서 합계출산율이 반등하여 높아지는 U자형 변화가 있었다.[36]

한국도 곧 성별분업 이념에서 완전히 벗어나 출생률이 반등하게 될까? 아직까지는 낙관적으로 보이지 않는다. 2021년 양성평등 실태조사를 보면, 가사·돌봄을 '전적으로 또는 주로' 아내가 담당한다는 응답이 68.9퍼센트로 압도적이었다. 맞벌이 부부여도 60퍼센트 이상이 '전적으로 또는 주로' 아내가 가사·돌봄을 맡는다고 했다. 그러면서 "여성은 독립을 위해 직업을 가져야 한다"는 데에는 남성 84.7퍼센트, 여성 89.2퍼센트가 동의했다.[37] 여성의 경제활동을 당연시하면서도 여전히 성별분업의 이념을 버리지 않는 이율배반이 존재한다. 이런 이율배반 속에서 고용상의 불평등은 계속되고, 여성에겐 일도 가족도 불안한 삶의 조건이 된다.

이 취약하고 모순적인 성별분업의 세계에서 동성커플의 등장은, 전통적인 성역할을 벗어난 세계를 생각해보게 한다. 궁금해진다. 동성커플도 임금노동과 가사노동을 나누어 분업을 할까? 2001년부터 동성커플의 결혼과 입양이 합법화된 네덜란드를 보자. 에바 야스퍼르스^{Eva Jaspers}와 엘런 페르바컬^{Ellen Verbakel}

은 1994년부터 2007년까지 네덜란드 통계청이 수집한 노동 조사 자료로 이성커플, 레즈비언커플, 게이커플을 비교 분석했다.[38] 커플관계인 두 사람의 임금노동 시간을 비교해 '완전 분업'을 0점으로 '완전 균등'을 1점으로 수치화했다. 결과는 이성커플(0.41)이 가장 분업하는 경향이 컸다. 이에 비해 레즈비언커플(0.67)의 임금노동 시간은 좀더 균등하고, 게이커플(0.72)의 경우 가장 균등했다.

단, 자녀가 있으면 동성커플도 분업하는 경향이 커졌다. 하지만 불균형의 정도는 달랐다. 결혼을 했고 자녀가 있는 커플만 보면, 레즈비언커플(0.59)이 가장 임금노동 시간이 균등했다. 다음이 게이커플(0.44)이고, 마지막으로 이성커플(0.33)이 가장 불균등했다. 흥미롭게도 이성커플은 자녀가 없어도 동거보다 결혼 상태에서 분업하는 경향이 더 컸다. 게이커플과 레즈비언커플은 자녀가 없으면 동거와 결혼 상태 사이에 차이가 적거나 없는 수준이었다. 결혼과 성별분업을 자동적으로 연관시키는 오랜 관념이 이성커플에게 더 진하게 남아 있음을 암시하는 연구 결과였다.

동성커플이 등장하는 이런 연구는 분명 동시대의 이야기인데 한국에서는 아직 비현실적으로 들린다. 한국사회는 지금도 이성과의 결혼을 재촉하며 성별분업이 가능한 완벽한 세계를 꿈꾸는 것처럼 보인다. 한데 성별분업이라는 관념을 믿고 모두가 행복하게 잘 살기를 바라는 기대가 더 비현실적인 꿈이 아니던가? 어서 '꿈'에서 깨어 이 불합리한 세계를 벗어나야 하는 게 아닐까? 동성커플의 등장은, 그렇기에 가족의 몰락이 아니라 기회일지도 모른다. 하지만 성별에 따라 역할을 고정해놓은 가족각본은, 다음 장에서 보듯 생각보다 깊고 견고하게, 성교육의 이름으로 전수되고 있다.

5장

가족각본을
배우는
성교육

'성'이라는 공포

1933년 8월 27일, '13세 산모'의 이야기가 언론에 보도되었다. 평양의 한 순사가 자신이 하숙하던 여관집 딸에게 글을 가르치다가 "정조유린"을 하여 어린 소녀가 출산을 하게 된 사건이었다. 순사는 이 일로 징계면직을 당했다. 한 교육가는 언론과의 인터뷰에서 "경찰계의 대불상사"라고 탄식했다. 그런데 이상한 말이 이어진다. "이 사건은 딸을 가진 어버이나 학교에 대한 좋은 경고라고 생각합니다."[1]

정말로 당시에 사람들은 이 사건을 '딸을 가진 부모와 학교에 대한 경고'로 받아들인 듯하다. 사흘 뒤 1933년 8월 30일 『동아일보』에는 '퇴패한 최근의 풍조와 "성교육" 실현설 대두'라는 제목의 기사가 보도된다. 경성부(현 서울) 내 19개 여자중등학교 교장과 훈육주임이 회의를 소집해 성교육의 필요성을 논했다는 내용이다. 회의의 제목은 '여학생의 훈육에 관한 협의회'였다. 이날 회의 내용에 관해 기사에서는 이렇게 보고한다.

종래로 학교에서는 성에 관한 이면교육에까지는 손을 대지 아니하여왔으나, 사태에 따라 성교육을 필요로 하지 않을 수 없게 되고, 심한 데 이르러서는 13세의 소녀가 애기 어머니가 되는 등 성적 유희와 절조의 문란으로 말미암아 개인을 망하게 하고 사회의 풍기를 피폐케 하는 일이 비일비재하므로 이에 대한 대책을 강구하는 데 [회의 내용이] 있다 한다.[2]

여기서 13세 소녀의 출산 사건은 "성적 유희와 절조의 문란"의 예로 표현되었다. 이는 "개인을 망하게 하고 사회의 풍기를 피폐케 하는 일"이라면서, 성교육을 대책으로 언급했다. 이날 소집된 교장과 훈육주임은 모두 여자중등학교 소속이었고, 이 자리에서 성교육의 필요성은 여학생에게 집중되었다. 오늘날의 시각으로 보자면 분명 경찰에 의한 아동성범죄인데 13세 소녀 사건이 돌연 여학생 대상 성교육의 필요성을 촉발한 계기가 되었다. 도대체 무엇을 '성교육'이라고 생각한 것일까?

며칠 후 1933년 9월 2일 『조선일보』는 '어떻게 여학생들의 정조대를 지킬까'라는 제목으로 각계의 인터뷰 기사를 싣는다. 조선직업부인협회 최활란은 이렇게 말한다. "학교에서는 성교육을 시켜 (여학생에게) 자기네의 정조가 생명(처럼) 중대함을 가르쳐서 (…) 스스로가 공포심이 일게 되어 여자로서의 중대한 정조를 지키도록 하여야 하겠습니다."[3] 한 의학박사는, 요사이 여학생들이 "제2생명이라고 할 만한 정조를 아무에게 바치고 마는 것"이 "학교에서 성교육이 부족한 까닭"이라고 설파한다. 가정에서도 학생을 단속해야 한다고 강조한 이 인터뷰 기사의 제목은 '몸을 항상 단속하시오'이다.[4]

여자상업교장 이모씨는 가정에서의 단속을 더욱 강조하며 다음과 같이 부모에게 요청한다.[5] 딸의 친구가 어떤 사람인지 살펴 조금이라도 옳지 않으면 교제를 끊게 하고, 딸이 읽는 책을 조사해 좋지 못한 책은 보지 못하게 하며, 옷은 꾸밈없고 수수하게 입게 하고, 용돈은 조금만 주며, 외출을 제한하여 무슨 일로 나가는지 확실히 알고 보내라고 한다. 그리고 성에 관해 가정에서 교육하라고 말한다. 성교육이 학교와 가족 중 누구의 책임인지 다소 견해 차이는 있지만, 공통적으로 이들이 생각한 성교육이란 여성의 '정조'를 지키기 위해 '여성'을 '단속'하는 일종의 '훈육'이었던 것으로 보인다.

당신은 어떤 성교육을 기억하는가? 여성의 '정조'를 운운하는 것은 언젠가부터 사라졌지만, 청소년의 성을 위험천만하게 여기는 걱정은 계속되었다. 90년 전의 이 기사들처럼, 청소년기에 성적 '순결'을 잃으면 닥칠 불행에 관한 공포는 언제나 주변에 있지 않았던가? 통상 교육이란 학생이 지식을 배우고 관심을 갖고 탐구하게 돕는 과정이다. 하지만 성교육만큼은 성에 관해 두려워하게 하고 호기심을 없애려 했다. 성적 발달이 왕성한 시기지만 성적으로 순진무구한 청소년을 만드는 이 어려운 과업을 성교육이 맡아왔다. 그런데 성을 둘러싼 이 익숙한 공포가 무엇을 지키기 위한 것인지, 생각해본 적 있는가?

가족 이념 수호하기

실제로 해방 이후 성교육은 여학생 대상 '순결교육'으로 이어진다. 1968년 7월 당시 문교부(현 교육부)는 중고등학교에서 성교육을 실시한다고 발표한다.[6] "순결교육지침"을 마련하고 9월부터 여자중고교에서 시작하기로 한다. 남자중고교는 다음 해부터 점차 실시한다고 했다. 이때 순결교육의 목적은 "그릇된 성관념을 교정하고 후일 가정생활 영위에 비뚤림이 없도록 미리 손쓴다는 의미"로 이해되었다.[7] 성적 발달에 관한 과학적 지식을 전

달할 필요도 있었지만, 무엇보다 "이성애 결혼 이전까지 '순결'을 유지"[8]하도록 절제를 유도하는 도덕교육으로서 성교육을 추구하는 것이었다.

'순결교육'의 핵심은 성윤리를 가족윤리와 연결시키는 데 있다. 순결교육에서 말하는 '순결'은 성을 평생 동안 전면 금기하는 것이 아니라, 결혼의 테두리 안으로 한정시킨다는 의미다. 이런 관점의 성교육이 워낙 익숙해서 원래 성교육이 그런 것 아니냐고 생각할 수도 있다. 하지만 성을 기존 가족제도 안으로 제한하는 접근은 성교육을 구성하는 다양한 방식 중 하나일 뿐이다. 이러한 가족제도 중심의 성교육은 유교적 뿌리를 갖고 있기도 하지만 주로 개신교에서 중요한 교리로서 강조되어왔다.

사실 종교개혁 이전의 기독교 교리는 사뭇 달랐다. 중세 기독교는 성적인 욕망을 죄악시했고, 따라서 지금도 가톨릭 전통에서 볼 수 있듯이 평생 결혼하지 않고 금욕하는 삶을 가장 숭고하게 보았다. 그러다 가톨릭 수사였던 종교개혁가 마르틴 루터가 독신생활을 비판하고 나섰다. 남녀 사이의 성적 욕망은 자연스러운 것이며 결혼 안에서의 성은 신성한 것이라고 선언했다.[9] 개신교의 순결교육은 아이러니하게도 한편으로 성에 대한 금기를 깨고, 다른 한편으로 이성애 결혼 중심의 성윤리를 발달시키면서 등장했다.

성과 결혼을 결부시킨 성교육은 미국에서 크게 발달했다. 1940~50년대를 거치며 혼전순결을 전제로 결혼, 양육, 가족관계 등 '건강한' 가정생활을 가르치는 내용으로 성교육이 발전했다. 각종 성 관련 '위험'을 예방하는 최선의 방법이 '결혼 안'에서만 성관계를 하는 것이라고 생각했다. 이후 1960~70년대에는 성 혁명의 분위기 속에서 금욕보다 피임 교육이 강조되기 시작했고, 1980년 이후에는 다시 금욕을 옹호하는 목소리가 커지며 성교육을 둘러싼 논쟁이 계속되었다.[10] 이같이 미국에서는 개신교 정신에 바탕을 둔 순결교육이 정치적 지형에 따라 강화되기도 약화되기도 하면서, 결혼제도를 벗어난 성관계가 바람직하지 않다는 도덕적 관념이 면면히 이어져왔다.

반면 스웨덴은 일찍부터 성교육을 결혼과 결부시키지 않는 관점을 채택했다. 스웨덴도 1944년 발간한 성교육 핸드북에서 결혼 전 성관계를 비난하는 내용을 넣었다. 하지만 성관계를 결혼관계로만 제한하는 건 스웨덴 현실에 맞지 않고 성교육을 지나치게 종교화하고 도덕화한다는 비판이 제기되었다. 그래서 스웨덴은 1956년 세계 최초로 모든 공공학교에 성교육을 의무화했을 때 결혼 전 성관계를 직접적으로 비난하는 내용을 삭제했다. 대신 청소년기의 금욕을 권장하는 내용이 남아 있었지만, 이것도 1964년판에서 사라졌다.[11]

스웨덴의 성교육은 성을 죄악시하고 수치스럽게 여기는 감정을 없애는 것을 목표로 했다. 성을 둘러싼 긴장을 없애야 상대방을 온전히 사랑할 수 있다는 것이었다. 성을 피해야 할 위험한 것이 아니라 긍정적인 삶의 요소로 보고 접근했다. 모든 개인에게 성은 즐거운 것이어야 한다고 여겼다. 성을 결혼과 결부시키지 않은 스웨덴 모델을 두고 누군가는 비도덕적이고 문란하다고 했다. 하지만 스웨덴 모델에서 생각하는 '도덕'은 달랐다. 스웨덴 모델은 결혼 전 성관계에 낙인찍지 않는 것, 성적 행동을 특정한 틀에 맞추도록 강요하지 않는 것, 성을 개인의 권리로서 보장하는 것을 더 중요하게 여겼다.[12]

한국 정부도 스웨덴 모델을 소개하려고 시도한 일이 있다. 2019년 여성가족부는 '나다움어린이책' 사업을 통해 성교육을 위한 도서 134종을 선정해 일부 초등학교에 배포했다. 그중에는 1971년 덴마크에서 발간된 『아기는 어떻게 태어날까?』*Sådan får man et barn*와 2001년 스웨덴에서 발간된 『자꾸 마음이 끌린다면』*Kärlekboken*이란 책이 포함되어 있었다. 각각 덴마크 문화부 아동도서상과 스웨덴의 아동문학상 '아스트리드 린드그렌 상' 등을 수상한 책으로, 성은 부끄러운 것이 아니고, 사랑은 행복하고 즐거운 일이며, 세상에는 다양한 사랑과 삶의 양식이 있다고 알려주는 내용을 담고 있다.[13]

그런데 바로 그런 내용이라서 비판이 제기되었다. 2020년 8월 25일 한 국회의원이 국회 교육위원회에서 이 두 책을 비롯한 일부 선정도서들을 문제삼았다. 도서 『아기는 어떻게 태어날까?』는 몸과 성관계를 직접적이고 즐거운 일로 묘사해 아동의 "조기 성애화" 우려가 있다고 주장했다. 도서 『자꾸 마음이 끌린다면』은 "동성애를 미화"한다고 했다. 책에 "아주 비슷한 사람들이 사랑할 수도 있어. 예를 들면 남자 둘이나 여자 둘이"라는 내용이 있기 때문이었다. 다음 날 여성가족부는 이 두 책을 포함해 7종의 책을 초등학교에서 회수했다.[14]

한국사회가 성교육을 불필요하게 여기는 건 전혀 아니다. 적어도 90년 이상 성교육의 필요성이 꾸준히 제기되어왔듯이, 실제로 상당히 중요하게 여긴다. 다만 성교육이 필요하다고 생각한 이유가 스웨덴 모델처럼 성을 둘러싼 죄의식과 수치감을 없애고 개인의 성적 권리를 보장하기 위해서는 아니었던 것 같다. 성교육에 관해 반복되는 담론을 보면, 스웨덴과는 정반대로 성에 관해 죄의식과 수치감을 심어줌으로써 성에서 최대한 멀어지게 만들려는 목적이 컸다고 생각된다.

이 장의 도입에서 보았듯 20세기 초반에는 여성의 '정조'를 지킨다는 목적이 중요했다. 1970년대에는 청소년의 '탈선' '풍기문란' '사생아' 등 "불순 이성교제"의 "비극"을 걱정하면서 성교육을 주장했다. 1980년대에도 '성비행'과 '미혼모 문제'의 대책으로 성교육을 강조했다.[15] 성에 관한 공포가 성교육을 추동했다. 모든 성교육이 그런 건 아니었다. 1960년대에 시작된 가족계획 사업에서는 성을 쾌락으로 이해하는 개방적인 관점의 성교육이 등장했다.[16] 하지만 결혼한 부부의 출산조절을 위한 '가족계획' 안에서 가능한 논의였다. 청소년에 관해서는 성을 즐겁고 다양한 것으로 받아들이는 접근이 공식적인 성교육이 되지 못했다.[17]

청소년의 성을 둘러싼 공포가, 결국 결혼제도 안에서 성적 행위가 이루어지도록 만들기 위한 목적에서 비롯된 것이라면 어떤가? 2장에서 논의했듯, 사회는 결혼이란 테두리 안에서 사람이 태어나야 적법하다고 보는 제도를 통해 가부장제 가족질서를 구축했다. 또 3장에서 보았듯, 사회는 승인된 가족질서에서 벗어난 출산과 출생에 낙인을 찍음으로써, 가족제도의 불합리함을 수정하는 대신 불행을 개인의 탓으로 돌렸다. 여기에 '순결교육'으로서의 성교육은 결혼제도 밖의 성에 대한 공포를 키움으로써 사람들이 정해진 가족각본에서 벗어날 수 없게 정신을 가두었다.

성교육은 성역할의 구분을 어린 시절부터 익숙하게 만듦으로써 가족각본이 유지되는 중요한 기반을 제공하기도 한다. 2015년 교육부가 제작한 「학교 성교육 표준안」에는 성차를 강조하는 내용이 자주 나온다. 초등학교 저학년 과정에서 '남녀의 생활 방식의 차이'를 다루고, 중학교 과정에서 '남녀의 성 인식 차이'를 교육한다. 고등학교 과정에서는 "상대방의 성 역할과 기능을 긍정적으로 보고 칭찬하는 자세"를 '올바른 성 가치관'의 하나로 안내한다. 남녀의 성적 반응의 차이를 기술하며 "남자는 '누드'에 약하고 여자는 '무드'에 약하다"고 하는 자료를 제시하기도 한다.[18]

성차를 자연적이고 고정불변이라고 여기는 성별본질주의gender essentialism의 관점이 교육의 이름으로 지속된다. 우리는 모두가 지구상에 평등하게 태어난 사람들이라고 말하면서도, "화성에서 온 남자 금성에서 온 여자"[19]라고 여길 만큼 성별에 따라 다른 운명을 타고 태어났다는 모순된 메시지에 길들여진다. 성별본질주의 관점에서 세상을 보면, 지금 보이는 성차가 형성된 사회적·역사적 맥락이 지워진다. 대신 가부장제를 위해 설계된 성 역할을 '원래 그런 것' 혹은 '그래야 하는 것'이라고 받아들이게 된다. 왜 성별을 이유로 역할이 배정되어야 하는지 질문하기를 잊게 된다.

흔히 성교육을 두고 효과가 없다고 비판한다. 성교육의 목표를 성적 행동에 관해 자신과 타인을 존중하는 책임감 있는 결정을 내릴 수 있도록 개인의 역량을 키우는 일이라고 본다면, 그동안의 위압적인 훈육은 별로 도움이 되지 않았다. 하지만 지금까지 성교육은 분명한 '효과'가 있었다. 성교육의 목표가 사람들이 성을 권리로서 실천하는 일을 막고 사회가 정한 가족질서를 따르도록 개인을 압박하는 것이었다면, 꽤 충실하게 의도대로 진행되었다. 어쩌면 우리는 '성교육'이 아니라 가족 이념을 수호하기 위한 '가족 이념 교육'을 받아왔다고 말하는 게 더 정확할지도 모르겠다.

'가족의 수치'

세대를 지나며 계속 반복되는 사실이지만, 청소년은 '순진무구'하지 않다. 2018년 한국여성정책연구원이 중학생을 대상으로 실시한 조사에 따르면, 49.2퍼센트가 연애경험이 있고 첫 연애 나이는 평균 11.6세였다. 연애 상대가 이성인 경우는 여학생 86.7퍼센트, 남학생 94.2퍼센트이고, 동성인 경우는 여학생 12.1퍼센트, 남학생 4.1퍼센트였다. 연애경험자 중 67.1퍼센트가 스킨십을 경험했는데, 그 종류는 손잡기와 가벼운 입맞춤부터 진한 키스와 성관계까지 다양하다. 전체 응답자의 26.1퍼센트가 자신의 성별정체성에 대해, 그리고 30.7퍼센트가 성적지향에 대해 고민한 적이 있다고 했다.[20]

청소년의 성관계에 관해서는 교육부와 질병관리청이 발표한 '청소년건강행태조사'에서 조금 더 자세히 살펴볼 수 있다. 2021년 기준으로 중고등학교에 재학 중인 청소년의 5.4퍼센트가 성관계를 경험했는데, 고등학교 3학년만 보면 10.7퍼센트(남학생 13.5퍼센트, 여학생 7.6퍼센트)로 열명의 한명 꼴이다. 성관계를 경험한 청소년들은 평균 14.1세에 성관계를 시작하고, 이 중 65.5퍼센트가 피임을 실천했다. 그리고 전체 여학생 응답자의 0.2퍼센트가 임신을 경험했다.[21] 같은 해 기준으로 중고등학교 전체 여학생이 127만 8천여명이니,[22] 대략 추정해 재학 중인 여학생 2500여명이 임신을 경험한 셈이다. 단, 뒤에서 더 논의하겠지만 임신한 많은 청소년들이 학교를 떠나 있음을 기억해야 한다.

청소년이 임신을 하면 무슨 일이 일어날까? 개인차가 있겠지만 많은 청소년들이 일단 부모에게 임신 사실을 감추는 것으로 보인다. 임금옥·서미아의 연구에서 인터뷰에 참여한 청소년들은 부모에 대한 공포감에 임신 사실을 감추었다고 말한다. "'이걸 엄마한테 어떻게 말해야 되지? 엄마가 알면 죽이지 않을까?' 하는 생각"이 들거나, "아빠가 이 사실을 알면, 아빠가 나를 죽일지도 모른다고 생각"해 무서웠다고 이야기한다.[23]

부모가 정말로 자식을 죽이지야 않겠지만 심하게 질책하거나 더 심하게는 쫓아내고 연락을 끊으며 사실상 이들을 '없는 사람'처럼 대하는 경우가 있다. 부모가 임신중지나 입양을 권하거나 강요하는 일도 많다.[24] 그러니 청소년이 임신을 하고, 게다가 부모의 반대를 무릅쓰며 아이를 출산하고 양육하기를 원한다면, 부모와의 관계에서 단절까지 각오해야 한다.

그런데 좀 이상하지 않은가. 청소년의 갑작스런 임신으로 인해 부모의 입장에서 당황하고 걱정할 수는 있어도, 그렇다고 자식을 비난하고 내쫓는 건 어떻게 설명할 수 있을까? 게다가 청소년이 출산을 하고 아이를 양육하기로 결정하는 경우 주변의 도움이 많이 필요할 텐데, 왜 자식의 인생에서 특히 도움이 필요한 순간에 부모가 자식과의 인연을 끊어버리는 걸까?

청소년 성소수자의 사정도 비슷하다. 2014년 국가인권위원회가 실시한 '성적지향·성별정체성에 따른 차별 실태조사'에 따르면, 청소년은 자신이 성소수자라는 사실을 엄마에게는 13.5퍼센트, 아빠에게는 4.5퍼센트만이 직접 알렸을 뿐이다.[25] 이들이 그 사실을 숨기는 이유는 부모와의 관계가 달라질까 두렵기 때문이었다. 청소년 성소수자들은 "널 어떻게 키웠는데 이럴 수 있냐?" "왜 부모 망신을 시키느냐"는 질책과 원망의 말을 들으며, 부모와의 관계가 심각하게 나빠져 집을 떠나기도 한다.[26] 청소년에게 집을 떠난다는 건 생존의 문제가 될 수 있는데 말이다.

물론 모든 가족의 이야기는 아니다. 하지만 임신한 청소년이나 성소수자처럼 성적으로 '일탈'했다고 여기는 청소년에게 부모가 종종 보이는 반응이 있다. 기대가 무너지는 실망감과 좌절감이 뒤섞여 격정적인 감정이 올라오고, 수치심과 분노가 폭발하면서 청소년에게 폭력을 행사하고 이들을 집에서 내쫓기도 한다. 청소년의 입장에서는 이런 '예상 가능한' 위험을 피하고자 최대한 자신의 상황에 관해 말을 아끼는 게 현명하다고 생각할 수 있다. 가족 내의 성규범은 이처럼 '말할 수 없이' 절대적이고, 일탈의 결과는 혹독하다. 가족의 이런 반응을 어떻게 설명할 수 있을까?

　가족의 명예를 더럽히고 위신을 추락시켰다는 이유로 폭력이 발생하는 경우가 있다. 이런 폭력이 통계로 잘 집계되지 않는 한계가 있긴 하지만, 아시아, 아프리카, 미주, 유럽 등 세계 각지에서 보고된다.[27] 유엔총회에서는 소위 '명예'라는 이름으로 가해지는 범죄를 근절하기 위한 국제적인 노력을 촉구하는 결의문을 세차례에 걸쳐 채택하기도 했다.[28] 한국에서도 누군가 "동네 창피하다"고 말하며 자식을 향해 무섭게 비난을 쏟는 장면이 낯설지 않다면, 분명 남의 이야기가 아닐 테다. 언제 이런 장면이 전개되는지 떠올려보자.

　'가족의 수치'는 주로 여성이 '여자답지' 않은 것, 즉 여성의 성에 관한 것일 때가 많다.[29] 가령 여성이 복장을 '단정치' 않게 한다거나, '외간' 남자와 만난다거나, 결혼을 하지 않고 성관계를 하는 경우 등이다. 그래서 가족의 명예를 이유로 한 폭력의 피해자가 주로 여성이다. 이때 직접적 가해자는 가족이지만 주변의 평판이 중요한 원인을 제공한다. '동네 사람'이라고 하는 주변인들이 남의 집안을 들여다보고 그 집안 여성의 행실에 관한 소문으로 가족에게 수치심을 주면서 가족 내의 폭력으로 이어진다. 여기서 이상한 건, 왜 하필 가족의 수치심이 여성의 성과 관련되는지이다. 그것도 가족이 여성에게 폭력을 가할 정도로 강렬한 수준으로 말이다.

조앤 페이튼Joanne Payton은 가족이 가족공동체의 생존과 번영을 추구한다는 명분 아래 명예를 이유로 하는 폭력이 촉발된다고 설명한다.[30] 여기 남성 혈통을 따라 계승되는 가족체제가 있다고 하자. 한 가족이 다른 가족과 친족관계를 형성하려면 결혼을 해야 한다. 이때 여성은 좋은 조건의 집안과 친족을 형성하기 위한 거래에 사용되는 중요한 자본이 된다. 이 '거래'에서 순결은, 여성이 결혼 가능하다는 가치를 담보하는 일종의 상징적 자본으로서 중요하게 기능한다. 만일 여성이 순결을 잃거나 처신을 잘하지 않으면 결혼 거래에서 불리해진다. 여성의 성에 따라 가족 전체의 번영과 쇠락이 좌우되는 것이다.

그러니 이제 온 가족이 여성의 성을 통제하는 일에 관여하기로 한다. 여성은 조신하고 순결해야 한다는 엄숙한 성규범이 가족 안에 만들어진다. 남성은 가족의 명예를 지키기 위해 여성의 몸과 섹슈얼리티를 통제하는 '보호자' 역할을 맡는다. 말 그대로 명예가 중요한 것이니, 소문의 진위 여부는 덜 중요할 수 있다. 진실이 아니어도 소문이 나게 만들었다는 이유만으로 여성의 행실을 문제삼을 수 있고, 반대로 진실이어도 소문을 막을 수만 있다면 폭력을 행사할 필요가 없어지기도 한다.[31]

어찌 보면 허탈하게도 가족이 폭력으로써 지키려는 명예는 '결혼 가능성'이다. 그만큼 가족의 운명이 결혼에 달려 있던 역사적 맥락을 반영한다고 이해해볼 수 있다. 이런 가족체제에서는 폭력이 정당해 보였을 수 있다. 집안의 명예를 실추시킨 원인을 제공한 사람을 마땅히 '처벌'하는 일이라고 생각될 수 있다. 그렇게 피해자를 가해자로 탈바꿈시키는 역전 현상이 일어난다.[32] 그런데 더 이해하기 어려운 현상은 이런 역사적 맥락이 희미해진 후에도 감정과 관습이 남는다는 점이다. 여성의 행실을 비난하거나 여성의 성을 보호한다며 통제하는 체제가 시대를 관통해 이어진다.

오늘날에도 여성은 옷차림, 외출, 연애 등 일상에서 광범위하게 가족의 단속을 받는다. 임신한 청소년을 수치스럽게 여기며 숨기는 가족을 보면, 여전히 성규범이 가족의 명예와 긴밀히 연관되어 있음을 알게 된다. 성규범이 엄격한 만큼 여성의 행실은 쉽게 '일탈' 또는 '문란함'으로 규정되고, 이런 엄격한 성규범이 여성을 사회적으로 취약하게 만든다. 이런 사회에서 남성 중 누군가는 여성의 성을 '보호'하는 일에 앞장서고, 누군가는 성적으로 비난받기 쉬운 여성의 취약성을 이용해 성범죄를 저지르기도 한다. 이 두가지가 서로 상반된 행위로 보이지만 오래된 가족제도에서 비롯된 동전의 양면이기도 하다.

성소수자에 대한 가족의 격한 반응도 같은 맥락에서 이해된다. 자명하게도 성소수자는 성역할 규범과 이성결혼의 공고함을 흔드는 존재들이다. 가족의 입장에서 보자면 가족질서를 통째로 거스르며 집안에 먹칠을 한 셈이니, 심각한 가족의 수치로 여겨질 수 있다. 남성 중심의 가족제도에서 특히 남성이 성소수자라는 건 혈통 계승의 가능성을 차단해버리는 중대한 위험으로 보일 수 있다. 그래서 그런지, 여성보다 남성 사이에서 성소수자에 관한 반응이 더 부정적으로 나타난다. 앞에서 언급한 한국여성정책연구원 조사에서, 자신이 성소수자라는 생각이 들었을 때 이를 부인하고 숨기는 경향이 여학생보다 남학생이 크고, 성소수자인 친구를 배척하는 경향도 여학생보다 남학생이 훨씬 컸다.[33]

사실 사람들이 가족을 향해 분노를 표출하면서 머릿속으로 '결혼 가능성'이나 '거래'를 계산하고 있을 리 없다. 다만 알게 모르게 당연하다고 믿어온 오래된 가족질서에서 벗어나는 상황에서 사람들에게 불안의 감정이 덮치는 건 사실이다. 이러한 분노와 배척은 가족제도로부터의 일탈을 통제하는 무력武力이고, 궁극적으로 가부장제를 유지시키는 정교한 톱니바퀴. 그러니 단순히 여성의 교육과 고용의 증진으로 가부장제가 간단히 사라질 것이라 생각하면 서툰 기대가 아닐까. 가부장제는 가족이 가족에게 행하는 성적인 통제와 잔인한 폭력을 통해서도 연명하고 있다.

풍기를 지켜라?

성규범에서 '일탈'한 청소년을 수치스럽게 여기는 건 가족만이 아니다. 학교 역시 명예를 실추시켰다며 학생을 징계하고 내친다. 2021년 대전학생인권조례제정운동본부가 대전 지역 150개 중고등학교의 학생생활규정을 전수 조사하여 발표한 일이 있다. 조사 결과, 이성교제를 규제하는 학교가 중학교의 52.3퍼센트, 공립고등학교의 67.6퍼센트, 사립고등학교의 53.6퍼센트로 모두 절반이 넘고, 이성교제로 풍기를 문란하게 했다는 것을 퇴학의 사유로 삼는 학교도 있었다.[34] 학생이 임신을 하면 강제로 쫓겨나기도 하지만, 이런 분위기에서 많은 경우 조용히 학교에서 사라지는 길을 택하는 것이 이상한 일도 아니다.[35]

이런 조사에서 눈길을 끄는 단어가 있다. '풍기'라는 말이다. 사라진 옛말처럼 들리는 이 단어가 아직 많은 학교에 남아 있다. 국가인권위원회는 2016년 전국의 중고등학교를 대상으로 학교 규칙을 살폈다. 조사 결과, "불건전"하고 "불미스런" 이성교제로 "풍기문란"과 "사회적 물의"를 일으키고 "학교의 명예를 훼손" 하면 징계의 사유가 된다는 내용의 항목들을 발견했다. 예컨대 아래와 같은 항목들이다.[36]

- 남녀 간에 풍기문란으로 물의를 일으킨 경우
- 불건전한 이성교제로 풍기를 문란하게 한 학생
- 교내에서 이성과 손을 잡고 다니며 풍기를 문란시키는 학생
- 불건전 이성교제로 사회적 물의를 일으킨 학생
- 불미스런 행동으로 학교의 명예를 훼손한 학생

학교 규칙에서 '이성교제'를 언급한다고 해서 '동성교제'는 허용된다는 말은 아닐 테다. 2014년 '성적지향·성별정체성에

따른 차별 실태조사'에 따르면, 조사에 참여한 청소년 성소수자의 4.5퍼센트가 학교에서 학생들에게 동성애자의 이름을 적어 내도록 하여 '색출'하는 소위 '이반검열'을 경험했다. 동성끼리 교제했다는 이유로, 또는 '여자답지/남자답지 못하다'는 이유로, 학생이 벌점, 정학, 자퇴권고, 퇴학 등의 징계를 받는 일도 보고되었다.[37] 앞에서 본 학교 규칙에 비추어본다면, 성소수자라는 사실 자체로 '풍기문란'으로 여겨질 수 있음을 예상하기 어렵지 않다.

학교는 연애 외에도 두발, 복장 등 신체를 단속한다. 앞의 대전지역 조사에서 중고등학교의 86.7퍼센트에 머리 길이, 파마, 염색 등 두발을 규제하는 규칙이 있었다. 여학생이 바지를 착용하려면 학교장의 허락을 받게 하거나 스타킹의 색깔과 무늬를 제한하는 학교도 있었다. 국가인권위원회의 학생인권실태조사를 보면, 조사에 참여한 중고등학생 가운데 절반 이상이 학교가 두발의 길이나 모양을 제한한다고 응답했다. 또 많은 학생들이 학교가 치마·바지의 길이나 폭을 제한하고 화장이나 미용 제품·기기의 반입을 제한한다고 답했으며, 일부 학교는 면티·양말 색깔까지 제한하는 것으로 나타났다.[38]

이 중 어떤 것도 타인을 해치는 일이거나 범죄가 아니다. 징계의 이유는 '풍기'라는 도덕적 규범을 어겼기 때문이다. 『표준국어대사전』에 따르면 "풍기風紀"란 "풍속이나 풍습에 대한 기율"로서, "특히 남녀가 교제할 때의 절도"라고 한다. 여기서 '풍속'은 "옛날부터 그 사회에 전해오는 생활 전반에 걸친 습관 따위를 이르는 말"이고, '풍습'은 "풍속과 습관을 아울러 이르는 말"이며, '기율'이란 "도덕상으로 여러 사람에게 행위의 표준이 될 만한 질서"로 정의된다. 대략 정리하면, '옛날부터 전해오는 생활 습관에 대한 도덕적 표준 질서'를 '풍기'라고 할 수 있겠다.

왜 학교가 '옛날부터 전해오는 생활 습관에 대한 도덕적 표준 질서'를 지켜야 하는지도 모르겠지만, 그렇게 지켜야 하는 질서란 것이 가족질서를 지키기 위한 성규범과 겹치는 점도 희한하다. 이성이든 동성이든 성적 교제를 삼가고 얌전하게 옷차림을 갖추며 행실을 조신하게 해야 한다는 가족윤리가 학교에서도 적용된다. 학생이 이 규범을 어기면 학교의 위신이 떨어지고 명예가 훼손된다는 논리도, 그래서 벌을 받아야 한다는 결론까지 같다.

이상한 일이다. 학교는 학생의 결혼 가능성이나 가족의 위신과 이해관계가 없다. 학교는 사회생활을 하는 데 필요한 지식과 기술을 배우고, 개인의 재능을 발견하고 잠재력을 개발하며, 공동체에서 어울려 살아가는 민주시민의 소양을 갖도록 학생을 교육하는 기관이 아니던가. 그런데 왜 학교는 가족윤리를 수호하는 일에 그렇게 적극적으로 동참하고 있는 것일까? 만일 학교가 가족질서를 유지하는 소임보다 개인의 교육받을 권리를 더 중요하게 생각한다면, 학생이 임신을 했다거나 연애를 한다는 이유로 교육 기회를 빼앗지는 않을 것이다. 학교는 가족이 아니라 교육기관이니까 말이다.

그런데도 많은 사람들이 학교가 성적 통제를 수행하는 기관이어야 한다고 믿는 것 같다. 학생의 권리를 보장하기 위해 지방자치단체에서 추진하는 학생인권조례가 등장할 때마다 격렬한 반대가 제기되곤 하는데, 주요한 이유는 성 문란을 조장한다는 것이다. 이때의 성 문란이란 주로 동성애와 임신·출산을 지칭한다. 한 예로, 2018년 경남학생인권조례 공청회 현장에는 "학생에게 섹스·임신 출산이 웬말이냐" "성관계, 임신 권리, 동성애 옹호 조장 (…) 아동 청소년의 교실 붕괴 조장" 등의 피켓과 현수막이 등장했다. 이런 반대가 결국 학생인권조례 제정을 무산시켰다.[39]

이와 상반되게 인성교육을 진흥한다는 '인성교육진흥법'은 국회에서 출석인원 199명의 만장일치로 통과되어 2015년부터 시행되고 있다. 세계 최초[40]라고 하는 이 법의 목적은 "건전하고 올바른 인성을 갖춘 국민을 육성하여 국가사회의 발전에 이바지함"이다. 인성교육의 목표인 핵심 가치·덕목은 "예禮, 효孝, 정직,

책임, 존중, 배려, 소통, 협동 등의 마음가짐이나 사람됨"이다. 민주시민의 덕목만이 아니라 유교사상에 기초한 예와 효도 포함된다. 이 법에 따라 유치원과 초·중·고등학교에서는 매년 인성교육계획을 수립하여 교육을 실시하고, 핵심 가치·덕목을 중심으로 교육과정을 편성·운영하여야 한다.[41]

여기서 예와 효를 교육한다는 의미를, 단순히 사람 사이의 예절이나 부모에 대한 존경을 가르친다는 뜻으로 받아들여도 될지 의문이다. '인성'이라는 이름이 붙여진 교육이 유교적 가족질서를 근본적인 도덕인 것처럼 생각하게 만드는 효과를 무시할 수가 없다. 공교육이 '충'과 '효'를 강조함으로써 국가권력에 순응하는 전체주의적 국민을 길러내려 한 유신시대의 역사도 있다. 위계와 복종에 기초한 가족 이념을 오늘날 반복함으로써 추구하는 사회가 어떤 것인지 생각해보아야 하지 않을까?

학교는 헌법적 가치인 성평등과 교육권을 강조하면서도, 동시에 위계적인 가부장제에 기초한 가족제도를 수호하는 이중적인 역할을 담당해왔다. 앞 장들에서 본 다분히 유교적이고 한편으로 기독교적이기도 한 가족질서로서, 성별이분법을 기초로 하고 이성결혼과 출산을 신성한 의무로 여기며 고정된 성역할을 도덕처럼 따르도록 하는 가족각본을 가르쳤다. 그렇게 학교는 풍기문란에 관한 학교 규칙을 통해 성을 규율하는 한편, 정해진 가족각본을 벗어난 삶은 망신으로 귀결된다는 공포를 성교육을 통해 심어주면서, 민주화의 역사적 격동 속에서도 '전통적' 가족제도를 유지해왔다.

유네스코는 성교육의 국제적 표준으로 '포괄적 성교육'comprehensive sexuality education을 제시한다. 포괄적 성교육도 '가족'을 다루지만, 다양한 형태의 가족이 존재한다는 사실에서 출발한다. 기존의 가족질서를 따르라고 압박하는 대신, "다양한 연애, 결혼, 양육"이 "사회, 종교, 문화, 법률에 의해 형성"되는 맥락을 교육한다. 고정된 성역할을 무비판적으로 수용하는 것이 아니라, 성역할과 성규범이 어떻게 사회적으로 구성되는지 이해하게 한다.[42] 이념의 주입이 아니라 비판적 사고를 촉진하는 것을 목적으로 하는 학술적 접근이다. 학교가 이런 성교육을 실천하는 일이 어렵다면, 학교의 목적이 무엇인지 근본적인 질문부터 던져보아야 하지 않을까.

6장

가족각본은
불평등하다

성별이 아니라 소득이 문제라면

4장을 열며 소개한 두 엄마 이야기를 기억해보자. 1993년은 미국 매사추세츠주에서 동성혼이 인정되지 않는 때였다. 그런데도 법원은 헬렌과 수전이 태미를 공동 입양하도록 허용했다. 헬렌과 수전은 모두 의사로서 전문직에 종사하고, 집안에 내려오는 유산이 있을 정도로 경제적으로 풍족했다. 좋은 집에서 함께 태미를 돌보고 있었고, 주변에는 좋은 이웃과 동료 들이 있었다. 내가 판사였어도 두 사람의 입양을 반대할 이유를 찾지 못하겠다는 생각이 든다면, 아마도 성별이 양육자의 핵심 자격은 아니라는 뜻일 게다.

기존 가족모델에서 양육자로서 성별이 다른 두 사람이 필요한 이유는 있었다. 4장에서 보았듯이 가족은 오랜 시간 성별분업 모델을 바탕으로 했다. 남성이 임금노동으로 가족의 생계를 부양하고 여성이 가사노동을 맡는다는 성역할을 전제하면, 아빠와 엄마가 모두 있어야 온전한 자녀양육이 가능하다. 그런 의미에서 경제적 능력이 있으면서 가사노동까지 함께 담당하는 두 엄마의 등장은 가족에 관해 근본적인 의문을 던지게 한다. 성별이 핵심이 아니라면, 무엇이 가족을 가족이게 하는가?

두 엄마 이야기에서 성별이 문제되지 않았던 중요한 이유는, 두 사람이 충분히 생계를 유지하며 자녀를 돌볼 능력이 있었기 때문이다. 종교적이고 낭만적인 수식어를 빼고 기능적으로 말하자면 가족은 '생계를 유지하며 돌봄을 제공하는 단위'다. 그렇다면 집안에 남자가 필요하다는 건 남성의 역할, 즉 생계를 책임지는 사람이 필요하다는 것이지 반드시 생물학적 남성의 존재가 필요하다는 의미는 아닐 수 있다는 뜻이 된다. 집안에 여자가 필요하다는 말도, 돌봄의 손길을 기대하는 말에 불과할 수 있다.

사실 복잡하게 말하지 않아도, 우리는 결혼과 출산이 가족의 전부가 아님을 잘 안다. 결혼하고 출산하기만 하면 걱정 없이 가족생활을 할 수 있는 세상이었다면, 지금처럼 저출생으로 국가적 위기를 논하고 있지도 않을 것이다. 가족이 어떤 경제적 조건인지가 인생을 결정하기 때문에 결혼과 출산이 어려운 일이 된다. 5장에서 말한 가족이 명예를 이유로 폭력을 가하는 현상도, 결국은 가족의 번영을 추구하는 욕망에서 기원한 것이었다. 가족이 생존의 단위라면 '조건'은 중요하다.

여기서 한가지 흥미로운 궁금증이 생긴다. 가족이 경제적 생존 단위라면, 이성커플보다 남성끼리의 가족을 구성하는 것이 더 유리한 것은 아닌가? 4장에서 말한 것처럼 한국은 여성과 남성 사이에 2022년 OECD 자료 기준으로 31.2퍼센트의 임금격차가 있다. 통계청은 임금근로일자리에서 일한 남성의 평균소득이 389만원, 여성의 평균소득이 256만원으로 1.5배 차이가 난다고 발표하였다(2021년 기준).[1] 그럼 이성커플만이 아니라 동성커플도 가족을 구성한다면 성별 구성에 따라 경제적 격차가 발생하게 되지 않을까?

이 궁금증을 해결하기 위해 한가지 먼저 살펴볼 질문이 있다. 성별을 떠나 성소수자라서 임금이 더 낮지는 않을까? 매리카 클라위터Marieka Klawitter는 이 질문에 관해 1995년부터 2012년 사이에 발간된 31개 논문을 분석했다. 유럽, 북미, 호주 등에서 수집된 데이터를 사용한 논문들이었다. 연구 결과, 게이는 이성애자 남성보다 소득이 평균적으로 11퍼센트 적었다. 하지만 레즈비언은 이성애자 여성보다 소득이 평균적으로 9퍼센트 높았다.[2] 이후 2012년부터 2020년 사이에 발간된 24개 논문을 분석한 닉 드라이다키스[Nick Drydakis]의 연구에서도 비슷한 패턴이 나타났다.[3] 즉, 게이는 이성애자 남성보다 임금이 적고, 레즈비언은 이성애자 여성보다 임금이 많은 경향이 있다.[4]

그럼 이들이 결혼이나 동거로 함께 산다면 가족 단위의 소득 차이는 어떻게 될까? 캐나다 연방보건부는 해마다 실시하는 건강조사에서 성적지향과 가구소득을 물어본다. 매리암 딜마가니[Maryam Dilmaghani]는 2008년부터 2012년까지 수집된 건강조사 데이터로 성적지향별 가구소득을 비교했다. 분석 결과 게이커플의 가구소득이 가장 높고, 다음으로 이성애자커플, 레즈비언커플의 순이었다.[5] 캐나다의 경우 2005년부터 동성혼을 인정했으니 그동안 성소수자 차별이 줄었을 가능성을 감안해야겠지만, 커플로 보면 결과적으로 남성끼리의 가구인 게이커플이 유리하다는 사실이 드러났다. 참고로, 2008년부터 2012년 사이 캐나다의 성별임금격차는 20퍼센트 내외였다.[6]

헬렌과 수전의 시대를 지나 이제 세계 34개국에서 동성결혼이 인정된다(2023년 5월 기준). 네덜란드, 스페인, 캐나다, 남아프리카공화국, 스웨덴, 포르투갈, 아르헨티나, 브라질, 프랑스, 우루과이, 뉴질랜드, 영국, 미국, 핀란드, 독일, 호주, 대만, 칠레, 쿠바, 멕시코 등 익숙한 나라들에서 동성커플이 결혼해 가족을 이루어 살고 있다. 지구상의 많은 지역에서 성적지향과 무관하게 누구나 가족을 구성할 수 있는 평등한 사회가 되었다. 하지만 성별임금격차가 가족 간 소득격차로 드러난다면, 평등은 계속된 과제로 남는다. 하물며 한국처럼 성별임금격차가 큰 나라에서 동성결혼이 인정되면 가족 간 소득격차는 어떻게 될까? 성소수자에 대한 차별이 커서 상쇄효과가 있을 수도 있겠지만, 이 역시 풀어야 할 과제가 된다.

한국에서는 아직 동성결혼이 인정되지 않으니, 이 지점에서 두가지 상반된 반응이 있을 수 있다. 가족 간 소득격차가 걱정이라면, 성별임금격차를 줄일 것인가 아니면 동성커플의 가족 형성을 반대할 것인가? 근본적 원인인 성별임금격차를 줄이는 게 당연한 거 아니냐고 반문할 수도 있지만, 사실 사람들은 불평등구조보다 가족 형성에 더 집중하곤 한다. 5장에서도 본 것처럼, 사람들은 결혼을 '거래'라 여기며 가족 형성을 통해 유리한 경제적 지위를 얻으려는 욕망을 숨기지 않았다. 성별 외에도 여러 이유로 소득격차가 존재하는 이 사회에서 우리가 어떻게 가족을 형성하고 있는지 생각해보자. 그리고 가족 불평등이 문제라면, 우리가 바꾸어야 하는 것이 무엇인지 함께 고민해보자.

끼리끼리 만남

"미혼 남녀가 꼽은 결혼하고 싶은 남녀는?"

한 결혼정보회사가 2021년 기준 25세에서 39세 사이의 미혼 남녀가 생각하는 '이상적 배우자상'을 발표했다. 설문조사를 바탕으로 만들었다는 가상의 남편과 아내의 모습은 다음과 같았다.[7]

	남편	아내
신장	178.9센티미터	163.2센티미터
연소득	6224만원	4145만원
자산	2억 9117만원	1억 8853만원
나이 차	2세 연상	2.7세 연하
학력	4년제 대졸	4년제 대졸
직업	공무원·공사직	일반 사무직

'이상'적인 기준이니 실제 평균보다는 높은 조건이지 않을까 싶다. 차이가 얼마나 될까? 2021년 기준 평균 초혼연령이 남자 33.4세, 여자 31.1세이니[8] 비슷한 연령대를 기준으로 살펴보겠다. 먼저 신장을 보면, 결혼정보회사에서는 이상적인 남편의 신장이 178.9센티미터, 이상적인 아내의 신장이 163.2센티미터라고 했다. 이에 비해 실제 30대의 평균 신장은 남성 174.7센티미

터, 여성 161.8센티미터이다(2021년 기준).[9] 이상적인 기준이 실제보다 살짝 높지만, 상대를 만나기 힘들 정도의 높은 기대는 아닐 것 같다.

소득은 어떨까? 이상적인 배우자의 연소득은 남편 6224만 원, 아내 4145만원이라고 했다. 월급여액으로 계산하면 남편 약 519만원, 아내 약 345만원이다. 그런데 2021년 기준 실제 30~34세 노동자의 월평균소득을 보면, 남성 352만원, 여성 307만원이다(중위소득은 각각 320만원, 271만원이다).[10] 이상치가 평균치보다 꽤 높고 특히 남성의 경우 약 167만원의 격차가 있다. 현실적으로 월수입 5백만원 정도의 상대를 만나는 일은 쉽지 않아 보인다. 30~34세 중에 월급여액 450만원 이상인 사람은 상위 18.5퍼센트에 속하고, 550만원 이상이면 상위 10퍼센트에 속하니 말이다.[11]

냉정하게 들릴 수 있겠지만, 사실 이상적인 배우자를 상상하는 건 별 의미가 없다. 드라마나 동화처럼 모두가 선망하는 이상적인 사람이 하필 나를 만나 사랑에 빠지는 이야기는 현실에서 잘 일어나지 않는다. 알다시피 현실에서는 결혼 상대의 선택 폭이 그리 넓지 않다. 설령 내가 '이상적인 남편' 혹은 '이상적인 아내'에 해당하더라도, 여전히 나에게 선택권이 별로 없을 수 있다. 드라마에서는 흔히 좋은 집안에서 더욱 거세게 결혼을 반대하지 않던가.

배우자 선택의 현실을 살펴보자. 교육 수준을 기준으로 할 때, 과거에는 여성보다 남성의 교육 수준이 높은 '상향혼'이 많았다. 1970년에 30대 부부 중 상향혼이 51.5퍼센트였다. 교육 수준이 서로 같은 '동질혼'은 45.9퍼센트이고, 여성의 교육 수준이 남성보다 높은 '하향혼'은 2.5퍼센트에 불과했다. 하지만 시간이 흐르며 여성의 상향혼이 줄고 동질혼과 하향혼이 많아졌다. 2015년 30대 부부의 상향혼은 26.8퍼센트로 줄었고, 동질혼이 가장 흔한 결혼 형태가 되었다(54.5퍼센트). 그동안 전반적으로 학력이 높아지기도 하고 특히 여성의 교육 수준이 향상되면서 비슷한 상대가 만나 결혼하는 일이 더 많아진 것으로 보인다.[12]

동질혼이 많아졌다는 건 한국사회가 과거보다 더 평등해졌다는 뜻일까? 한편으로는 그렇게 보인다. 남성 우위의 상향혼 관계보다는 좀더 대등하고 민주적인 배우자관계가 될 것 같다. 동질혼 관계의 부부는 사회적인 경험이나 문화적인 취향에서 공통점이 많아 이질감 없이 공동생활을 이어나가기 좋을 수 있겠다. 특히나 둘 다 대학을 졸업할 정도의 고학력 커플이라면, 누가 직장을 구하든 이상하지 않을 것 같다. 그런데 동질혼이 곧 평등을 의미한다고 말하기엔 몇가지 문제가 있다. 우선 4장에서 언급한 성별분업이 고학력 커플인 경우 더 실천 가능해지는 현상에 대해 생각해보자.

동질혼 경향에 따라 대졸 여성은 대졸 남성과 결혼할 가능성이 높다. '고학력 동질혼'이다. 이런 관계에서 서로 평등하고 유연하게 역할을 나누는 패턴이 나타날 법하다. 하지만 여성의 경력단절 현상은 대졸 여성에게도 나타난다. 2019년 보건사회연구원이 7년차 이내 신혼부부(19~49세)를 대상으로 '청년세대의 결혼 및 출산 동향에 관한 조사 연구'를 실시했다. 연구 결과, 대졸 여성 가운데 결혼 당시 일자리가 있는 경우가 67.7퍼센트였는데 조사 시점에는 44.0퍼센트로 줄었다. 대졸 남성은 결혼 당시 일자리가 있는 경우가 82.7퍼센트였고 조사 시점에도 80.8퍼센트로 비슷하게 유지된 것과 차이가 있었다.[13]

오히려 고학력이기 때문에 여성이 일을 그만둘 가능성도 있다. 연구를 보면 남편의 소득이 높을수록 아내의 경제활동참가율이 낮아지는 경향이 나타난다.[14] 동질혼 경향은 전소득계층에서 나타나지만 소득이 낮은 계층에게 동질혼은 불리하게 작용한다. 남편의 소득이 낮으면 여성이 일을 해야 하는데, 이때 여성의 일자리는 주로 비정규직으로 가구소득을 크게 끌어올리지 못한다. 반면 고학력 동질혼을 한 여성은 남편의 소득이 높아서 직장을 다니지 않아도 되는 조건이 생길 수 있다. 특히 자녀를 키우고 있다면, 전업주부로 자녀교육에 전념하는 것이 가족을 위해 더 중요하거나 필요하다고 생각할 수 있다.

결과적으로 대졸 여성이 일자리를 떠나는 경향이 통계에서도 보인다. 4장에서 여성의 고용률은 전체적으로 20대에 높았다가 30대에 낮고 40대에 높아지는 M자 곡선을 그린다고 했다. 고졸 이하 여성의 경우, 20대 초반에 일자리 진입에 어려움을 겪고 25~35세 사이에 고용률이 떨어졌다가 40대 이후에 20대보다 높은 고용률을 보인다. 반면 대졸 여성은 초기 고용률이 높지만 경력단절 이후 회복이 잘 되지 않아 앞봉우리가 높은 M자 곡선이 나타난다(L자 곡선이라고도 한다).[15] 이는 경력단절 이전 수준의 좋은 일자리를 찾기 어려워 벌어지는 현상이기도 하지만, 전업주부라는 선택지가 가능한 환경임을 간접적으로 의미하는 것일 수 있다.

고학력 동질혼의 효과는 무엇보다 자녀에게 미친다. 대학을 졸업했다는 사실에서 나아가, 서열이 높은 상위권 대학을 졸업한 엘리트들의 결합일 때 계층적 영향은 더욱 분명해진다. 자녀는 양육자의 자원을 활용해 풍부한 문화적 경험을 쌓고 폭넓은 사회적 관계를 맺으며 유익한 기회를 얻는다. 만일 양육자 중 한 명이 전업주부이거나 직업적으로 유연하다면 많은 시간을 자녀와 보낼 수 있어 자녀를 위한 정보력과 헌신도가 높아진다. 경제 수준이나 사회적 배경이 비슷한 양육자들끼리 모여 정보와 기회를 나누면서 배타적인 집단으로서 계층이 갈리기도 한다.[16] 본래 의도한 것이 아니더라도 동질혼은 계급을 재생산하며 불평등을 강화하는 효과가 있다.

최근 학자들은 마치 중세로 돌아가고 있는 듯한 계층의 분리와 세습 현상에 신랄한 비판을 쏟아내고 있다.[17] 현대사회의 계급 재생산은 외형적으로는 합법적이고 공정하다. 엘리트 계층이 끼리끼리 만나 중산층을 형성하고, 축적된 부와 네트워크를 통해 고소득으로 진입하는 교육 기회를 독점하며, 이로써 자녀에게 계층을 세습한다. 여기서 중요한 건, 이 모든 과정이 가족의 이름으로 이루어지고 있다는 점이다. 각자 그저 최선의 선택으로 결혼을 하고 가족을 위해 양육자의 역할을 하는 것뿐이라고 생각하겠지만, 결과는 계층의 세습으로 이어진다. 가족제도가 어떠하기에 그럴까?

부양의무의 두 얼굴

당신이 로또 2등에 당첨되어 5천만원을 횡재했다고 가정하자. 이 소식을 알았는지 몰랐는지 함께 살고 있는 하우스메이트가 당신을 찾아와 털어놓기를, 대학원에 합격했는데 등록금과 생활비가 걱정이라고 말한다. 항상 요리와 청소를 도맡아 하는 그에게 고마움을 품고 있던 당신은 등록금과 생활비로 쓰라며 통 크게 아무 조건 없이 1천만원을 하우스메이트에게 선물한다. 이런 당신의 행동을 국가가 알았다면 어떻게 할까? 요즘처럼 각박한 시대에 이타적인 행동을 했다고 표창장이라도 줄까? 법대로 하자면, 아마도 세금에 관해 안내할 것이다. 과세표준 1억원 이하에 대한 세율 10퍼센트를 적용해, 돈을 받은 하우스메이트에게 증여세 1백만원을 부과할 것으로 예상된다.[18]

만약 두 사람의 관계가 그냥 하우스메이트가 아니라 법적으로 '부양의무'가 있는 가족이라면 얘기는 달라진다. 증여를 받은 사람은 세금 없이 상대에게 받은 돈을 모두 등록금과 생활비에 사용할 수도 있다. 뒤에 더 자세하게 이야기하겠지만 일정한 가족들 사이에는 부양의무가 있다고 인정해서, 사회 통념상 인정되는 생활비나 교육비에 대해 국가가 세금을 부과하지 않는다.[19] 가족끼리 부양하라고 법으로 정해놓고, 의무를 이행한 사람에게 세금을 부과하는 건 이상할 테니 말이다. 반면, 부양의무가 없는 관계에서 돈을 무상으로 받은 사람에게는 세금을 매긴다. 불로소득의 일부를 사회에 재분배한다는 취지다.

가족이 경제공동체임을 생각하면 일견 합리적이라는 생각이 들기도 한다. 그런데 이상하기도 하다. 가족에게 받는 돈 역시 불로소득이란 점은 다르지 않다. 돈을 받는 사람이 등록금과 생활비를 혼자 감당하기 어려운 상황인 점도 같다. 그런데 가령 부모로부터 지원을 받을 수 있다면 세금을 내지 않을 텐데, 고마운 하우스메이트에게 받는다면 세금이 따른다. 물론 부모한테도 통상의 교육비나 생활비를 벗어난 자산을 받으면 증여세가 부과되지만, 이때도 상당한 금액이 공제되는 혜택이 있다.[20] 현실적으로 그런 고마운 하우스메이트를 만나기란 로또 당첨만큼이나 어려운 일임을 차치하고, 경제적으로 여유 있는 가족이 있다는 건 분명 유리한 일이다.

가족을 통한 계층 세습은 가족끼리 재산을 공유하게 돕는 이런 제도와 무관하지 않다. 일반적인 사회관계와 달리 가족 사이에는 부양의 명목으로 돈이 상당히 자유롭게 이동한다. 노동의 대가로 소득을 쟁취하는 치열한 사회에서, 당당하게 불로소득을 요구하는 세계가 가족이다. 이렇게 설계된 제도는 경제적으로 넉넉한 가족에게 더 유리하게 작동한다. 가령 교육비에 지출할 재력이 충분한 가족은, 교육비에 대한 세금도 감면받으며 부모로부터 자식에게로 사회경제적 지위를 대물림할 가능성이 높다. 여기에 부모는 자식에 대한 부양의무를 충실히 수행한 훌륭한 양육자라는 도덕적 인정도 받는다.

사람들은 기껏해야 세금을 면제받거나 공제받는 게 무슨 혜택이냐고 생각할 수도 있다. 통상 국가가 직접 자금을 제공하는 방식만을 지원이라고 여긴다. 하지만 때때로 국가는 세금을 감면함으로써 같은 효과를 얻는다. 연말정산에서 부양가족공제를 함으로써 간접적으로 부양비용을 지원하는 효과가 있는 것처럼 말이다. 그런데 이런 후자의 방식은 가진 것이 있는 사람이라야 혜택을 누린다. 그렇지 않은 이는 혜택과 무관하다. 게다가 생활에 필요한 비용을 가족에게 받을 수 없다면 다른 사람에게 얻어야 하는데, 그럼 이자든 세금이든 지출해야 할 수 있다. 가난해서 돈이 더 많이 드는 아이러니다.

이제, 가난한 사람에게 '부양의무'는 전혀 다르게 작동한다. 일단 부양해야 하는 가족의 범위를 생각해보자. 민법에서 서로 부양의 의무가 있다고 말하는 사람은, 배우자, 직계혈족과 그의 배우자(자녀, 부모, 조부모, 손자녀, 시부모, 장인·장모, 며느리, 사위 등), 그리고 "생계를 같이하는" 8촌 이내 혈족(형제자매, 조카, 이모, 고모, 사촌형제, 당숙 등) 및 4촌 이내 인척(형수, 처제, 이모부, 고모부, 숙모 등)을 말한다.[21] 이 넓은 부양의무가 부유한 가족들로서는 도움을 받을 다양한 기회를 의미하지만, 가난한 가족들로서는 여러 사람의 생계가 걸린 막중한 부담을 의미한다. 의무를 다하지 못하면 무능력하고 무책임하다는 도덕적인 비난을 받기도 쉽다.

제도가 같다고 효과가 모두에게 같지가 않다. 작가 아나톨 프랑스Anatole France의 유명한 말처럼, "장엄한 법의 평등은, 부자에게

나 빈자에게나 똑같이 다리 밑에서 잠을 자고 길에서 구걸하고 빵을 훔치는 것을 금한다."[22] 같은 법을 공정하게 적용하는 것처럼 보이지만, 어떤 법은 부자에겐 부를 축적하는 도구가 되고 빈자에겐 삶을 옥죄는 굴레가 될 수 있다. 가족끼리 당연히 부양해야 하는 것 아니냐고 가볍게 말하기 전에, 이 법적이면서 도덕적인 의무가 어떻게 불평등하게 작용하는지 생각해보면 좋겠다. 그리고 따져보자. 왜 이런 불평등이 생기는가?

근본적으로 사람의 생존을 맡기에 가족이란 단위는 불안정하다. 경제적 단위로서 가족은 규모가 작아서, 가족 상황이 조금만 변해도 가족 구성원 전체가 쉽게 휘청댄다.[23] 게다가 4장에서 본 성별분업 이념으로 설계된 사회라면, 남성 생계부양자의 존재 여부나 상황에 따라 여러 사람의 생계가 흔들린다. 국가가 이런 취약한 구조를 만들어놓고 가족끼리 서로 부양하라는 의무를 부여해 자력 생존을 요구하는 건, 처음부터 위험을 안고 있다. 이렇게 설계부터 근본적인 결함이 있는 제도를 두고 단순히 제도에 따른 의무의 이행 여부만으로 개인의 무능력과 무책임을 탓하는 건 어리석은 일이지 않을까.

그런 깨달음으로 인류는 '사회적' 보장을 인권으로 선언하고 제도를 도입해왔다.[24] 취약한 가족 대신 생존 단위의 규모를 사회 전체로 키우고, 부자와 빈자가 연대하도록 해 가족에 대한 의

존도를 줄임으로써, 모든 사회 구성원에게 안전한 완충지대가 생기게끔 장치를 설계한 것이다. 국가가 앞장서서 사회보장제도를 만들면서, 가족끼리 책임지고 알아서 생존하라는 의미로 부과하던 부양의무의 범위도 줄였다. 영국의 경우 1601년부터 3백년 넘게 친족 간 부양의무를 규정하고 있었는데, 복지국가를 구축하면서 1948년부터는 부양의 범위를 배우자와 16세 미만 자녀로 축소했다.[25]

반면 한국은 복지국가를 표방하면서도 가족에 대한 의존도를 줄이려는 노력에 인색했다. 경제적으로 생계유지가 어려운 사람에게 기초적인 수준의 생활을 지원하는 국민기초생활보장제도를 운영하면서도, 국가는 가족의 부양의무를 우선해왔다. 즉, 소위 "가족부양 우선의 원칙"이라고 하여, 우선적으로 '부양의무자'로 정해진 가족의 보호를 받고, 부양의무자의 보호를 받을 수 없을 때 기초생활보장급여를 받도록 규정한다. 다만 이때의 '부양의무자'를 민법보다는 좁혀 "1촌 직계혈족과 그 배우자", 즉 부모, 자식, 며느리, 사위 등으로 정했다.[26]

이런 제도가 가족 간 불평등을 얼마나 해소할 수 있을까? 가족부양을 우선으로 하는 사회보장제도 안에서 국가의 지원을 받는 일은, 마치 가족의 실패를 증명해야 하는 과제를 떠안는 것과 같다. 가족이 있어도 없는 것과 마찬가지임을 끊임없이 증명해야 국가의 지원을 받을 자격을 얻기 때문이다.[27] '가족의 실패'가 사회보장의 전제요건이 되면서, 사회복지제도는 마치 가족이 없는 자들을 위한 낙오된 세계인 것처럼 만들어졌다. 한국전쟁 후의 '고아'와 '미망인'부터 오늘날의 장애인, 노숙인 등 수많은 사람들이 사회복지시설에서 집단적으로 생활한다. 이들은 가족이 없다는 이유로 시설에 오고, 또 시설에 있기에 자유로이 가족을 형성할 수 없는 덫에 빠진다.[28]

'있는 자'가 가족제도를 통해 계층을 세습하는 동안, '없는 자'는 가족생활 자체가 어려운 상태가 된다. 누가 자신의 삶과 무관하다고 자신 있게 말할 수 있을까? 지금처럼 사회가 급변하고 가족의 불안정성이 커지는 시대에, 축적된 재산이 얼마나 많아야 가족이라는 '소박한 행복'을 꿈꿀 수 있을까? 그래서 더더욱 누군가는 좋은 스펙의 결혼을 쫓아 자구책을 찾기도 하겠지만, 그러는 동안 가족 불평등은 더 심각해진다. 어떤 상품에 이정도의 중대한 결함이 있다면, 불매운동을 벌여도 이상하지 않은 것 아닌가?

나의 가족은 누구인가

2013년 10월 부산의 한 아파트에서 60대 여성 은하(가명)씨가 투신해 사망했다. 그의 여고 동창생 해주(가명)씨가 암으로 사망하고 얼마 지나지 않아서 일어난 일이었다. 두 사람은 고등학교를 졸업한 이후 지난 40년 동안 함께 살았다. 은하씨가 투신한 아파트 단지는 두 사람이 동거하던 곳이다. 그런데 해주씨가 투병하던 중에 해주씨의 조카가 난데없이 찾아와 은하씨의 간병을 방해했다. 조카가 아파트의 열쇠를 바꾸어버려 은하씨는 집에 들어갈 수도 없었다. 은하씨는 해주씨의 임종을 지키지 못했고, 뒤늦게 해주씨의 죽음을 알고서 자신도 스스로 목숨을 끊은 것이었다.[29]

해주씨의 조카는 무슨 권리로 은하씨를 쫓아낼 수 있었을까? 해주씨와 은하씨는 40년 동안 생활을 함께 했지만, 재산 명의는 해주씨 앞으로 되어 있었다. 해주씨가 직장 생활을 하고 은하씨는 주로 집에서 살림을 했던 탓이다. 두 사람이 법적으로 배우자 관계였다면 당연히 은하씨에게 권리가 있었을 것이다. 배우자가 사망하면 남은 배우자는 유족으로서 상속권을 갖기 때문이다. 하지만 두 사람은 법적으로 '가족'이 아니었다. 해주씨가 사망하면서 재산은 법이 인정하는 '가족'에게로 넘어가게 되었다. "4촌 이내 방계혈족"에 해당하는 조카는, 법이 인정하는 '가족'으로서 유산에 대한 권리가 있다.

실제로 이 사건에서 조카에게 아파트가 넘어갔는지는 알 수 없다. 그랬다면 조카의 입장에서는 횡재였을 것이다. 법적으로 보면 문제가 없다. 만일 은하씨가 해주씨 명의의 재산에 대한 권리를 주장했다면, 아마도 법은 은하씨의 편을 들지 않았을 것이다. '가족'이 있는데, '남'이 재산을 가져가려고 하는 셈이니 말이다. 함께 사는 동안 은하씨와 해주씨는 모든 것을 나누고 서로를 돌보는 가족이었겠지만, 법은 이런 관계를 가족으로서 보호해주지 않는다. 법이 보호하는 가족은 따로 있다.

법은 혈족을 보호한다. 누군가 사망을 하면 법이 정한 순서에 따라 고인의 재산을 배분한다. 민법에 따라, 1순위는 자녀, 손자녀 등 '직계비속', 2순위는 부모, 조부모 등 '직계존속', 3순위는 형제자매, 마지막 4순위로 삼촌, 고모, 이모, 조카, 사촌형제자매 등 '4촌 이내 방계혈족'이 우선순위를 갖는다.[30] 고인이 유언장으로 다른 사람에게 재산을 남겼어도 여전히 혈족에게 권리가 있다. '유류분제도'라고 하여, 배우자, 직계비속, 직계존속, 형제자매는 고인의 의사와 관계없이 일정 비율에 대해 상속권을 갖는다.[31]

역사적으로 보면, 심지어 배우자도 '혈족'이 아니라서 뒤늦게 상속의 권리를 갖게 되었다. 조선시대에는 처妻의 상속권이 인정되지 않았다. 일제도 상속에 관해 조선의 관습을 따른다면서 배우자의 상속권을 인정하지 않았다. 배우자의 상속분을 인정하게 된 건 1958년 제정된 민법부터인데, 그나마도 남편보다 아내의 상속분이 덜 인정되는 차별이 있었다. 이후 개정을 더 거쳐 1990년에야 성별 구분 없이 배우자 상속권이 인정되었다.[32] 현행법에서 배우자는 1순위(직계비속)나 2순위(직계존속)와 공동상속인이 되고, 대신 다른 공동상속인보다 5할을 더 인정받게 되어 있다.[33] 가령 유족으로 배우자, 자식 X, 자식 Y가 있다면, 각각 1.5:1:1의 비율로 상속받는다.

법으로 상속인의 범위와 우선순위를 정한 것이 어떻게 보면 투명한 공식에 따른 깔끔한 재산분배 방식이겠지만, 현실의 복잡함에 너무 무심한 기계적인 해법이기도 하다. 앞에서 부양의무라는 가족의 특별한 책임에 대해 이야기했건만, 상속법은 이조차 고려하지 않는다. 살면서 서로를 돌보는 관계였는지 아니면 인사 한번 나눈 적이 없는 관계였는지 괘념치 않는다. 심지어 부모로서 어린 자녀를 방치하고 돌보지 않았더라도, 높은 우선순위로 자녀의 재산을 상속받을 권리를 가진다.

실제로 한 아이돌 그룹의 멤버 B씨가 28세의 나이로 갑작스럽게 사망한 후, 양육자의 상속 문제가 비중 있게 보도된 적이 있다. B씨가 아홉살이던 때 집을 떠나 약 20년간 연락을 끊고 살던 어머니가 나타나 자기 몫의 상속재산을 요구한 것이었다. 실제로 B씨를 양육한 사람은 아버지여도, 상속법에서는 이런 아버지와 어머니를 달리 보지 않는다. 그나마 이 사건은 대중의 주목을 받아서인지 법원이 아버지의 기여분을 인정해 각각 60 대 40의 비율로 부와 모에게 재산상속을 결정했다. 하지만 이와 같이 기여분을 인정하는 건 드문 일이다.[34]

은하씨와 해주씨처럼 혈족이 아닌 관계는 이들이 아무리 서로를 돌보며 공동생활을 했다 해도 법에서 가족으로 여기지 않는다. 한국에서 혈족이 아닌 사람이 법적으로 가족이 되는 방법은 결혼과 입양뿐인데, 이런 사이에서 입양으로 부모-자식 관계를 맺기도 애매하고 동성결혼은 인정되지 않는다. 기사 내용만으로 두 사람이 레즈비언커플이었는지 여부를 알 수도 없다. 설령 두 사람 사이에 로맨틱한 감정이 있었는지 영영 알 수 없더라도, 함께 보낸 40년의 세월이 무의미하다고 치부할 수는 없다. '가족'이란 관계를 실제의 공동생활과 무관하게 법이 기계적으로 정해놓아도 되는 걸까? 혈족이 아닌 사람들이 가족이 되는 다른 제도적 방안을 고안할 수는 없을까?

하필 '결혼'이 사회적으로 뜨거운 쟁점이 되는 이유는, 혈족이 아닌 사람들이 만나 가족을 이룰 수 있는 아주 특별한 제도이기 때문이다. 모든 낭만을 빼고 건조하게 말하면, 결혼은 당사자들 사이의 계약이자 사회가 공동생활 단위라고 인정하고 존중하는 법적 관계다. 물론 관습적인 의미에서 보자면 훨씬 많은 욕망이 결혼에 붙어 있기는 하다. 경제적·사회적 지위를 높이는 것, 자손을 낳아 가문을 잇는 것, 집안일을 할 사람을 얻는 것, 결혼 밖의 성적 행동을 규제하는 것 등 앞 장들에서 보아온 무수한 욕망이 결혼이라는 제도 뒤에 숨어 있다. 하지만 이런 겹겹의 욕망을 벗기고 나면, 가장 본질적인 결혼의 의미로서, 계약당사자들이 인생의 동반자가 되는 연대체라는 관계가 남는다.

결혼으로 가족이 '된다'는 건, 그 당사자들 사이에 권리와 의무가 생긴다는 뜻이다. 동거하며 서로를 부양하고 협조해야 한다. 서로를 대신해 공동생활에 관한 일을 처리할 수 있고(일상가사대리권), 이로 인해 생긴 채무에 대한 책임도 공동으로 진다(일상가사채무 연대책임).[35] 결혼 중에 협력해 모은 재산은 명의와 상관없이 공동재산이 되어 둘이 헤어질 때 나누어야 하며, 이때 가사노동을 분담한 기여도 인정된다.[36] 서로에게 수술동의, 연명의료 중단 결정 등 의료적인 결정을 내리는 보호자 역할도 하고, 배우자로서 사회보장급여를 받고 상대방이 사망하면 유족으로서 장례를 치른다.[37]

이런 법적 보호를 위해 동성 간 관계도 결혼으로 인정받기를 원하는 사람들이 있다. 정확한 파악은 어렵지만 이미 한국 사회에는 파트너와 동거 중인 성소수자가 많다. 2021년 '청년성소수자 사회적 욕구 및 실태 조사' 결과를 보면, 연구에 참여한 19~34세 성소수자 가운데 35.8퍼센트가 파트너가 있고, 이들 중 19.7퍼센트가 동거 중이다. 이 조사에서 전체 설문참여자의 94.7퍼센트가 동성결혼 또는 생활동반자제도가 있다면 이용하겠다고 답했다. 여기서 동성결혼만 이용하겠다는 응답(4.1퍼센트)보다 대안적인 파트너십 제도인 생활동반자제도만 이용하겠다는 응답(24.1퍼센트)이 더 많고, 두 제도 모두 이용할 의사가 있다는 응답이 전체의 66.5퍼센트를 차지했다.[38]

결혼 외에 가족을 형성하는 대안을 바라는 요구는 더 다양한 사람들에게 있다.[39] 이성커플 중에서도 동거하면서 다른 방식으로 공동생활을 보호받기를 원하는 이들이 있다. 왜 그럴까? 2020년 실시된 '비혼동거 실태조사'에 참여한 19~69세의 동거 경험자들은 결혼과 동거의 차이로, 결혼에 비해 동거가 가족의무와 자녀출산에 대한 부담이 적다는 점을 주요하게 꼽는다. 그러면서도 현재 동거 중인 사람들은 가사노동과 자녀양육·교육을 '둘이 똑같이' 한다는 비율이 결혼한 커플보다 월등히 높았다. 이들은 대체로 정서적 유대감이나 관계의 안정성 측면에서 결혼과 동일한 관계라고 느끼며, 파트너 만족도는 결혼한 관계보다도 높게 나타난다. 무엇보다 남녀의 만족도 격차가 동거가족에서 훨씬 적었다.[40] 이들의 관계를, 결혼에 붙어 있는 오랜 관습에서 벗어나 더 행복하고 평등한 가족을 만들어보려는 노력이라고 보면 어떤가.

사람들이 자발적으로 형성한 돌봄의 공동체를 국가와 사회가 존중하지 않을 이유가 무엇일까? 혈족 안에서 사람의 순서를 매기고 부양의 의무를 부과해 생존을 담보해온 지금까지의 가족은, 사람을 타고난 운명에 순응케 하며 권위적인 통제에 의지해 체제를 유지한 경직된 '질서'였다. 하지만 이제 자유와 평등을 근본적 가치로 지향하는 현대사회에서 우리에게 더 어울리는 가족의 이상理想은 자율적이고 평등한 공동체가 아닐까. 우리가 인권을 쟁취한 모든 순간을 통해 경험하였듯이, 강요된 의무와 위계적 압박이 사라질 때 사람들은 더 행복하게 서로를 돌보는 길을 찾아갈 것임을 믿어보면 좋겠다.

7장

각본 없는
가족

성별이 바뀐 가족

1장을 열었던 "며느리가 남자라니!"라는 구호로 돌아가보자. 동성애자를 받아들일 수 없다는 의미로 16년 전 등장해 오랫동안 대표구호로 자리잡은 짧은 외침. 며느리가 어떻게 남자일 수 있느냐는 이 말이 이토록 대중의 이목을 끄는 성공적인 구호가 될 수 있었던 이유가 무엇일까? 이 구호가 자극하는 감정은, 꼭 남자 며느리에 대한 거부감이라기보다 가족질서의 변화에 대한 두려움이라 생각된다. 세계적으로 성소수자에 대한 차별이 철폐되고 있는 이 거대한 흐름에서 한국사회가 멀찍이 비켜나 있는 현실도, 결국 가족질서를 이유로 반복되어온 수많은 배제의 역사 중 하나가 아닐까 싶다.

분명 성소수자의 출현은 가족질서에 큰 혼란을 가져온다. 뒤집어 말하면, 현재의 가족체제가 성소수자를 받아들일 수 있게 만들어져 있지 않다. 지금까지 이 책에서 보았듯 우리가 알고 있는 가족은 성별에 따라 세밀하게 구조화된 체제다. 모든 사람을 '남'과 '여'로 이분법적으로 구분할 수 있고 성별에 따라 달리 기대되는 역할이 있음을 대전제로 한다. 남녀가 각각의 역할을 수행하면서 법적으로 결혼하고 자녀를 출산해야 하는 일련의 가족 각본을 충실히 따르기를 기대하고 때때로 압박한다.

　그런 점에서 2006년 대법원이 트랜스젠더의 성별정정을 허용한 일은 역사적인 전환이었다.[1] 헌법재판소가 호주제에 대해 헌법불합치 결정을 내린 지 1년여 후에 나온 결정이었다. 2005년 헌법재판소 결정에 따라 같은 해 민법의 호주제 관련 조항이 개정되었다. 다만 호주제에 따른 신분등록법인 '호적법'이 사라진 것은 약 3년이 지난 2008년 1월 1일이었다. 그래서 2006년 당시 성별을 바꾸려면 '호적'을 바꾸어야 했다. 호적법은 호적의 기재 내용에 잘못이 있을 때 가정법원의 허가를 얻어 호적을 정정할 수 있도록 했는데, 대법원은 이 조항에 근거해 트랜스젠더의 성별을 정정하도록 결정한 것이었다.

　만약 앞서 호주제가 폐지되지 않았다면 그래도 대법원이 트랜스젠더의 성별정정을 허가했을까? 역사에 '만약'은 없다고 하지만, 호주제가 엄연히 존재하는 와중에 성별을 바꾼다는 건 훨씬 어려운 일이었을 것 같다. 호주제에서는 성별에 따라 가족의 위계가 정해지는데, 긴밀히 얽힌 가족관계 속에서 한 사람의 성별이 바뀌는 건 그야말로 대혼란이었을 테니 말이다. 가족 중 한 사람의 성별이 바뀌면 누가 호주가 되고, 어느 호적에 입적되며, 호주승계의 순위는 어떻게 되는지 등 기본적인 질서가 흔들리게 된다. 호주제 아래서 이분법적 성별은 가족질서의 기초였다.

하지만 호주제가 폐지되고 호적이 사라지게 되었어도 여전히 가족질서에서 성별은 자유롭지 않다. 호적법을 대체하여 2008년 1월 1일 '가족관계의 등록 등에 관한 법률'(약칭 '가족관계등록법')이 시행되었다. 개인의 신상을 등록하는 신분제도를 마련한 것인데, 여전히 '가족관계'의 등록으로 신분을 규정한다. 과거에 비해 가족 범위가 축소되기는 했지만, '나'라는 사람의 신상은 누군가의 배우자, 자녀, 부, 모 등의 관계로 규정된다. 그러니 나에게 가족이 있는 한, 성별이 바뀐다는 것은 개인의 일이 아니라 온 가족의 일이 된다. 서류상으로 자녀에게 '부'가 여성이 되고 '모'가 남성이 되며, 배우자의 성별이 서로 같아진다.

다행히도(?) 2006년 대법원 결정에서 성별정정을 신청한 트랜스젠더 남성의 경우엔 혼인한 경력도 없고 자녀도 없었다. 그는 20대부터 남성으로 생활하고 있었고, 40대에 성확정수술('성별확정수술'이라고도 한다)을 받았으며, 이 대법원 결정이 내려질 당시에는 이미 50대 중반이었다. 여성과 동거하고 있지만 남성으로서의 생식능력이 없어 자녀를 출산할 가능성은 없었다. 그의 성별이 바뀌어도 신분관계에 영향을 받을 '가족'이 없었기 때문에 대법원이 보기에 걱정할 일이 별로 없었다. 그러니까 거칠게 말하면, 가족이 없어서 성별을 정정할 수 있었다.

만일 배우자나 자녀가 있다면 달라질까? 2011년 대법원은 성별정정을 허가하려면 성별정정 신청인이 결혼하지 않은 상태고 미성년 자녀가 없어야 한다고 했다.[2] 결혼 중이라면 이혼해야 하고, 미성년 자녀가 있다면 성인이 될 때까지 기다려야 한다는 뜻이었다. 이유는 성별정정을 하면 본인의 서류만 바뀌는 게 아니라 가족관계등록부에 함께 기재되어 있는 배우자와 자녀의 신분관계도 바뀌기 때문이라고 했다. 배우자와의 관계에서는 "동성혼을 인정하는 셈"이 되고, 자녀에게는 부가 여성으로 모가 남성으로 "뒤바뀌는" 문제를 짚었다. 말하자면 성별정정은 기존의 가족질서를 해치지 않는 한에서만 허용된다는 뜻이었다.

그런데 2022년 11월 24일, 대법원은 11년 전의 이 결정을 일부 뒤집고 판례를 변경하는 역사적인 결단을 내린다. 성별정정 신청인에게 미성년 자녀가 있다고 무조건 성별정정을 불허할 것이 아니라, 실제 자녀와의 관계를 살펴서 판단해야 한다고 결정한 것이다.[3] 결혼한 상태면 안 된다는 요건은 그대로 남아 있으니 동성혼을 인정하는 상황이 생기지는 않는다. 그래도 자녀에게 부 혹은 모가 두명이 되는 건데, 그래도 괜찮다는 뜻인가? 자녀에게는 '엄마'와 '아빠'가 있어야 한다는, 이분법적 성별 구분과 이성결혼에 기초한 가족각본에 균열이 생겼다. 도대체 무엇이 바뀐 것이며, 이 균열은 어디로 향하고 있는가?

가족각본의 균열

2011년의 대법원은 부모의 성별정정이 미성년자 자녀에게 미칠 영향을 염려했다. 미성년자 자녀가 가족관계증명서를 제출할 때마다 "동성혼의 외관"이 드러날 텐데 "사회적 차별과 편견에 무방비하게 노출되도록 방치"할 수 없다고 했다. 따라서 자녀를 위한 배려를 요청하며 이렇게 말했다. "가족 간의 유대와 배려를 특별히 중요하게 생각하는 우리 사회의 가족관에 비추어볼 때, 미성년자인 자녀의 복리를 위하여 친권자의 성별정정을 허용하지 않는 것은, 현재의 우리 사회가, 스스로의 선택에 의하여 이성과 혼인하고 자녀를 출생시켜 가족을 이룬 사람에게 요구할 수 있는 최소한의 배려 요청이다."[4]

자녀를 위해 양육자가 배려하는 것이 당연해 보일 수 있다. 그런데 이 사건에서 법원은 성별정정 신청인과 자녀의 관계가 실제로 어떤지를 살피지 않았다. 대법원 결정 당시 신청인의 아들은 16세였고, 신청인은 오래전부터 여성으로서 정체화하고 살다가 5년 전 성확정수술을 받고 이후 계속해서 호르몬제를 투약해 왔다. 아들의 입장에서 이미 여성으로 생활하고 있는 '부'의 문서상 성별 표시를 변경하는 것이 더 나은지, 혹은 두 사람의 관계에서 성별이 별 상관이 없는 건 아닌지 법원은 살피지 않았다. 그래서 이 결정이 신청인의 아들에게 정말 배려였는지는 알 수 없다. 다만 양육자가 트랜스젠더인 것이 사회적으로 드러나면 안될 일이라는 대법원의 메시지만큼은 분명했다.

당시 대법원은 가족관계등록부상에 동성혼의 외관이 노출되지 못하게 하는 것이 자녀의 복리를 추구하는 일이라 굳게 믿은 듯하다. 그런데 자녀에게 '부'나 '모'가 두 명인 것이 왜 문제라고 생각했을까? 4장에서 보았듯 두 명의 엄마가 단지 성별이 같다고 해서 '나쁜' 양육자라고 일축할 수 없다. 게다가 이상적으로 여겨지는 아빠와 엄마의 성별분업은 현실적이지도 바람직하지도 않다. 6장에서 이야기를 나누었듯이 가족은 형식을 넘어선 질적인 돌봄의 공동체이기도 하다. 하물며 이미 영위되고 있는 가족 관계를 "동성혼의 외관"을 막기 위해 갈라놓아도 될까?

2008년 독일 연방헌법재판소는 법적 성별변경을 위해 이혼을 강제하는 법을 위헌이라고 판결했다.[5] 독일은 2017년이 되어서야 동성결혼을 인정하게 되었으니, 당시로서는 한국처럼 '동성혼의 외관'이 문제되었다. 하지만 독일 연방헌법재판소는 한국의 대법원과 다르게, 이혼을 강제하는 것이 독일의 헌법인 '기본법'이 보호하는 결혼생활을 침해한다고 보았다. 원치 않게 이혼을 하고 결혼제도가 제공하는 법적 보호를 박탈당하는 것이 불합리하다고 보았다. 이성결혼이라는 외관이 아니라 실재하는 가족생활을 보호하기로 한 것이다.

이어 2011년 독일 연방헌법재판소는 성별변경을 허가하는 조건으로 성확정수술을 받고 생식능력을 제거하도록 요구하는 법에 대해서도 위헌이라고 판결한다.[6] 국가가 강제로 수술과 불임을 요구하는 건 신체의 온전성에 대한 개인의 권리를 과도하게 침해한다고 판단했다. 이 판결로 인해 트랜스젠더가 자녀를 낳고 키울 가능성이 생기고, 이것이 기존의 가족질서에 어긋나게 되었다. 하지만 성별이 달라져도 양육자-자녀 관계가 변치 않도록 법적으로 보호할 수 있다며 문제삼지 않았다. 여기서 양육자-자녀 관계란 성별에 의한 부/모 역이 아닌 실질적인 양육의 책임을 의미했다.

한국의 대법원은 공교롭게도 같은 해인 2011년 내린 결정에서 성별정정을 위해 신청인이 결혼하지 않은 상태일 것과 미성년 자녀가 없을 것을 요구함으로써, 동시대에 반대되는 경로를 택했다. 독일이나 한국이나 모두 개인의 성별변경이 가족관계 속에서 미치게 되는 영향을 진지하게 고려했다. 하지만 독일은 공문서상 개인의 성별이 변해도 법적으로 배우자나 양육자-자식 관계가 변치 않도록 보호하는 방식을 채택했고, 한국은 공문서상 성별을 바꿀 수 없도록 하는 방법을 채택했다. 독일은 성별에 관한 개인의 자기결정권을 보장하고 실제 가족생활을 보호하는 일을 중요하게 생각했지만, 한국은 가족관계등록부에 '보이는' 가족관계를 '정상'으로 만드는 일을 중요하게 여겼다.

당시 대법원이 자녀가 겪을 사회적 차별과 편견을 염려하면서 한 말을 다시 천천히 들어보자. "미성년자인 자녀는 취학 등을 위해 가족관계증명서가 요구될 때마다 동성혼의 외관이 현출된 가족관계증명서를 제출할 수밖에 없다."[7] 사실 이 문구는 트랜스젠더의 가족뿐만 아니라 '정상'에 속하지 못하는 다른 가족에게도 해당되는 말이다. 즉, 한부모가족, 이혼가족, 혼외출생자 등 가족 형태를 이유로 차별을 받는 모든 사람들에게 가족관계증명서는 문제가 된다. '동성혼의 외관'뿐만이 아니라, 모든 '일탈'한 가족의 '외관'은 마찬가지의 어려움을 겪는다.

앞에서 말했듯 한국에서 개인의 신분은 가족관계 속에서 규정된다. 개인의 출생부터 사망까지 신분관계를 기록하는 제도의 이름이 '개인'등록제도가 아니라 '가족관계'등록제도인 것은 우연이 아니다. 서두에서 언급한 것처럼 가족관계등록법은 호적법을 대신한 신분등록제로 제정되었다. 호주제 폐지에도 불구하고 국회가 가족관계를 벗어난 '개인별' 신분등록제를 받아들이지 못한 탓에, 결국 호주제보다는 범위가 좁아졌지만 여전히 '가족관계'로 신분을 등록하고 증명하는 제도가 탄생했다.[8] "그냥 사람이 자기 자신으로서 존재했으면 좋겠다"던 당시 한 활동가의 바람은 호주제 폐지 이후에도 과제로 남았다.[9]

'가족관계'로써 신분을 증명한다는 말은, '나'라는 신분을 증명하기 위해 가족 구성원의 정보가 필요하다는 뜻이다. 다른 가족 구성원도 자신의 신분을 증명하면서 내 정보를 공유한다는 뜻이기도 하다. 수차례의 개정을 거쳐 개선되기는 했지만, 초기에는 이혼, 전혼자녀, 개명, 입양 등 개인정보의 변동 이력까지 증명서에 노출되었다.[10] 2016년 개정으로 현재의 신분관계만 일반증명서에 노출되도록 하고 나머지는 상세증명서에 나오도록 체계를 수정했다. 하지만 여전히 문제는 있었다. 상세증명서를 통해 과거 정보가 불필요하게 노출되기도 하고, 정보를 최대한 가린다 해도 결국 서류에 가족관계가 드러나는 이상 '비정상' 정황이 포착된다면 차별은 피할 수 없다.[11]

개인의 정보가 가족 모두의 정보가 되는 이 연동連動 때문에

2011년 대법원은 트랜스젠더의 성별정정을 허가하지 않았다. 당시 대법원은 성별정정을 막는 것이 아동을 차별로부터 보호하는 길이라고 생각했다. 개인의 신분을 증명하기 위해 가족관계를 드러내야 하는 불합리한 제도나, 이렇게 드러나는 가족 형태를 이유로 차별하는 사회를 문제삼지 않고서 말이다.

이 지점에서 2022년의 대법원은 달랐다. 가족관계등록부의 문제는 "개인의 가족관계등록부상 성별정정과 관련된 내용을 불법적으로 외부에 노출하는 행위가 일어나지 않도록 유의"함으로써 해결할 수 있다고 보았다. 사회적 차별과 편견이 있다면 "차별하는 쪽의 편견과 몰이해를 바로잡기 위해 법률적·제도적으로 노력해야 할 의무를 부담"해야 한다고 여겼다. 미성년 자녀의 복리는 여전히 중요한 고려 요소이지만 판단의 방향이 달랐다. 신청인의 성별정정을 인정함으로써 "부모로서 안정적으로 미성년 자녀를 양육하고 부양할 수 있는 사회적·경제적 토대를 마련"하는 것이 "궁극적으로 미성년 자녀의 복리에 부합"한다고 보았다. 2022년 대법원의 이야기를 들어보자.

개인의 가족생활은 사회적 관계의 시작이자 핵심을 이루는 것으로서 국가는 이를 보장하여야 한다(헌법 제36조 제1항). 성전환자 또한 전체 법질서 안에서 가족을 이루는 구성원으로서 동등한 권리와 의무를 부여받아야 하고, 국가는 성전환자의 이러한 권리를 보호하여야 한다.

미성년 자녀를 둔 성전환자의 성별정정을 허가하는 것이 그의 가족관계에 변화를 가져오는 부분도 없지 않지만, 이는 부 또는 모의 성전환이라는 사실의 발생에 따라 부모의 권리와 의무가 실현되는 모습이 그에 맞게 변화하는 자연스러운 과정일 따름이다. 이렇게 형성되는 부모자녀 관계와 가족질서 또한 전체 법질서 내에서 똑같이 존중받고 보호되어야 한다. 성전환자가 이혼하여 혼인 중에 있지 않다거나 가족관계등록부상 성별정정이 이루어진다고 하여 이러한 점이 달라지지 않는다. 미성년 자녀를 둔 성전환자도 여전히 그의 부 또는 모로서 그에 따르는 권리를 행사하고 의무를 수행하여야 하며 이를 할 수 있다.[12]

헌법 제36조 제1항은 "혼인과 가족생활은 개인의 존엄과 양성의 평등을 기초로 성립되고 유지되어야 하며, 국가는 이를 보장한다"고 정한다. 조금 늦었지만 한국의 대법원도 헌법상 국가가 보장해야 할 "가족생활"이 남들에게 드러나는 특정한 가족형태가 아니라 실질적인 가족관계여야 함을 인정했다. 정상가족의 외관을 지키려던 공고한 가족각본에 이렇게 균열이 생겼다.

가족이 '위기'인가

가족 형태에 따른 차별이 단지 오랜 관습의 잔재라고만 생각하면 오해다. 한국사회가 이성결혼과 자녀출산을 전제한 가족을 '정상'으로 규정하고 나머지를 '일탈'로 보는 위계적 구도를 법적으로 공식화한 것은 불과 18년 전이다. 2004년 2월에 제정되고 2005년 1월 시행된 건강가정기본법이 그 기점이다. 하필 호주제가 폐지된 해에 시행되면서, 건강가정기본법은 종전의 호주제를 대신하여 "건강가정"이라는 가족규범을 법적으로 명문화하는 역할을 하였다.

건강가정기본법은 "건강한 가정생활의 영위와 가족의 유지 및 발전"(제1조)을 위해 제정되었다. 이 법을 통해 '유지'하고 '발전'시키려는 "가족"은 "혼인·혈연·입양으로 이루어진 사회의 기본단위"(제3조 제1호)를 말한다. "건강가정"은 "가족 구성원의 욕구가 충족되고 인간다운 삶이 보장되는 가정"(제3조 제3호)이라고 정의되는데, 법의 내용을 보면 이혼 등 "가족해체"와 반대되는 의미다. 말하자면 건강가정기본법은 "혼인·혈연·입양"으로 구성된 가족을 '건강가정'으로 상정하고, 이혼가정 등 그외의 가족 형태는 "가족해체"로 규정하여 "예방"하는 법이다. 이를 위해 개인은 이런 의무를 가진다.

"모든 국민은 혼인과 출산의 사회적 중요성을 인식하여야 한다."(제8조 제1항)

"가족 구성원 모두는 가족해체를 예방하기 위하여 노력하여야 한다."(제9조 제1항)

혼인과 출산의 "사회적 중요성"을 인식해야 한다는 말은, 2000년대 초반부터 제기된 저출생 문제를 염두에 둔 것으로 이해된다. 앞서 2장에서 언급한 '출산은 애국이다'라는 구호가 법조문의 형태로 들어온 셈이다. 게다가 사람들은 "가족해체를 예방"하기 위해서도 노력해야 한다. '가족해체'는 불가항력적인 상황의 결과나 더욱 인간다운 삶을 위한 개인의 선택일 수도 있는데, 이 법은 가족이 깨어지는 것 자체를 건강하지 않다고 규정하고 시작한다.[13] 혼인·혈연·입양으로 한번 구성된 가족은 영원히 유지되어야 건강하고 행복하다는 전제를 설정하였다.

그래서 건강가정기본법은 '건강하지 않은' 혹은 '위기'의 가족을 지원한다. 예컨대 "한부모가족, 노인단독가정, 장애인가정, 미혼모가정, 공동생활가정, 자활공동체 등 사회적 보호를 필요로 하는 가정"에 대해 국가와 지방자치단체가 지원하기로 한다(제21조 제4항). 결과만 보자면 가족 불평등을 완화하기 위한 재분배 정책으로 보이기도 한다. 하지만 "건강가정"이라는 틀 속에서 지원대상이 되면 낙인까지 같이 받아들이고 감수해야 한다.

애초에 '가족'의 정의에서 배제된 비혼동거가족은 가족정책의 대상이 되지 않을 뿐만 아니라, 엄밀히 말해 '예방'되어야 할 형태의 가족이 된다.

역사적으로 가족은 상이한 생활조건 속에서 다양한 형태로 구성되어왔다.[14] 한국에서도 가족이 변해왔고 지금도 변하고 있다.[15] 가령 지금의 한국은 과거보다 결혼을 적게 하고 이혼을 많이 한다. 이 사실을 두고 가족의 '위기'나 '해체'라고 묘사하는 것과, 가족의 '변화'나 '다양성'의 증가라고 표현하는 것은 다르다. 전자의 '위기'와 '해체' 담론은 특정 가족 형태를 '옳다'고 전제한 진단이다. 이에 대해 윤홍식은 이렇게 비판한다. "가족의 특정 형태의 변화를 가족의 해체로 이해하는 것은 가족이 지역과 시대에 따라 다양한 형태로 존재했고 변화했다는 다양성과 역동성을 부정하는 것이다."[16]

무엇보다 이 두 접근은 국가 정책적으로 중대한 차이를 낳는다. '위기'와 '해체'의 담론은 공포를 조장하고 과거로 회귀하게 만든다. 반면 '변화'와 '다양성'의 담론은 변화에 유연하게 대처하여 새로운 제도를 만들게 한다. 전자는 기존의 가족질서에 맞추어 살도록 개인을 통제하고 압박하지만, 후자는 모든 사람의 가족생활을 보장하기 위해 대안적 제도를 고안하도록 한다. 한국사회는 전자의 접근이 강했다고 생각된다. 종말론적 위협과

도덕적 훈계를 사용하며 '가족각본'을 따르라고 강요하는 목소리가 컸다.

가족각본은 이분법적 성역할 관념에 기초한 가족질서를 유지하면서 성평등을 실현할 수 있을 것처럼 착각하게 만들기도 했다. 4장에서 보았듯 여성을 현모양처로 만들기 위한 목적 아래 기획된 여성교육은 자기모순에 빠질 수밖에 없었다. 그런데도 학교는 5장에서처럼 가족각본을 유지하는 역할을 자처하며 성별에 따른 불평등을 유지시켰다. 사회가 성평등을 추구한다고 해도 성역할 규범에 기초한 가족제도와 공존하기는 어렵다. 가족과 사회는 별개의 질서가 가능한 분리된 세계가 아니다. 성별 구분을 바탕으로 설계된 가족제도는 평등을 지향하는 사회적 현실과 충돌할 수밖에 없다.

나아가 가족각본은 가족제도가 만드는 계층적 불평등을 은폐한다. 6장에서 본 것처럼 지금의 가족제도는 '있는 자'에게 유리하게 설계되어 있다. '없는 자'는 가족생활을 유지하기도, 새로운 가족을 꿈꾸기도 어렵다. 법이 기계적으로 정한 가족을 위해 도덕적이고 법적인 의무를 감당하며 임금노동과 가사노동에 허덕이며 살게 될 고단하고 불안정한 미래를 예상하는 이에게, 결혼은 합리적인 선택이 되지 못한다. 이들에게는 결혼을 거부함으로써 가족질서에 들어가지 않는 편이 가장 예측 가능하고 안

전한 생존방식일 수 있다. 이런 불평등한 현실에 눈감으며 가족의 가치를 강조하는 사회는 부조리하다.

그 결과는 무엇보다 아동에게 영향을 미친다. 가족각본은 아동에게 불평등하고 가혹한 사회를 만든다. 이 말이 의아하게 들릴 수 있다. 앞서 본 것처럼 2011년 대법원은 사회적 차별과 편견으로부터 아동을 보호하기 위한 배려라며 '동성혼의 외관'이 드러나지 않는 방향으로 결정했다. 그런데 2015년 미국 연방대법원은 오히려 정반대로, 아동을 보호하기 위해 동성결혼을 인정해야 한다고 했다. 이성결혼만 인정하면 동성커플의 자녀가 "자신의 가족이 어딘가 부족하다는 낙인"을 겪게 되므로, 아동이 해를 입지 않게 동등한 가족지위를 보장해야 한다는 것이었다.[17]

수많은 아동들이 가족 배경을 이유로 어린 시절부터 차별을 겪는다. 아동이 겪는 온갖 놀림과 괴롭힘을 자세히 들여다보면, 가족 형태, 가족소득, 가족 구성원의 특징 등 가족에 관한 이유 때문인 경우들이 많다. 가족의 상황이 아동들 사이에 권력관계를 만든다. 흔히 그렇게 태어났으니 어쩔 수 없다며 운명으로 받아들이곤 하지만, 이는 가장 부정의한 불평등이기도 하다. 어느 가족에게서 태어났는지에 따라 누구는 존중을 받는 반면 누구는 무시를 당하고, 누구는 풍족한 기회를 얻는 반면 누구는 생존도 어렵다면, 벌거벗은 아기 때부터 우리의 몸에 계급이 새겨져 있

다는 뜻인 거다.[18]

2장에서 나눈 혼외출생자 이야기나 3장에서 나눈 '혼혈인', 한센인, 장애인 등의 이야기는, 부도덕하거나 열등한 어떤 특정한 사람들의 불행이 아니라, 가족각본이 만들어낸 불평등의 결과였다. 한부모가족, 입양가족, 재혼가족, 이주배경가족, 조손가족, 비혼가족, 동성커플가족, 트랜스젠더가족 등 모든 가족은 가족의 '위기'나 '해체', 혹은 '붕괴'의 결과가 아니라 다양한 삶의 양식이다. 그런데 가족각본이 이러한 삶을 열등하고 비정상적이라고 규정하여 낙인을 새기고 차별을 정당화한다. 국가가 특정 가족 형태를 '건강가정'이라고 명명하며 '만들어내는' 이 불평등을 어떻게 할 것인가.

그래서 2022년의 대법원이 가족각본에 흠집을 내며 만들어낸 균열이 특히 의미가 있다. 앞에 발췌한 결정문에서 보듯, 대법원은 헌법 제36조 제1항이 보장하는 '가족생활에 대한 권리'가 모든 사람의 권리임을 확인했다. 설령 가족관계에 변화가 있더라도 "이렇게 형성되는 부모자녀 관계와 가족질서 또한 전체 법질서 내에서 똑같이 존중받고 보호되어야 한다"고 밝혔다. 존엄하고 평등한 가족생활을 보장받을 권리가 모든 개인에게 인정되는 만큼, 수많은 사람들을 배제하는 불평등한 가족질서는 타당하지 않다. 누구나 다양한 모습으로 가족생활을 누릴 권리가 있고 국

가는 이를 보장하도록 정책과 제도를 만들고 사회를 변화시켜야
한다.

가족각본을 넘어

한국은 2002년 이래 합계출산율 1.3명 미만인 '초저출산' 국
가였고, 2018년부터는 1명 미만으로 떨어져 2022년 0.78명을 기
록하고 있다.[19] 국가가 인구 위기를 말하며 온갖 정책을 내어놓
은 지난 20년의 결과가 성공이라고 평가하긴 어려울 것이다. 그
동안 국가가 할 수 있는 것을 다했어도 실패했다면, 애초에 접근
이 잘못되었기 때문이 아닐까? 인구가 소멸한다고 공포감을 조
성하는 국가 정책 때문에 오히려 이런 결과가 오지는 않았을까?
저출생에 관해 학생들과 이야기를 나누는 중 한 학생이 이런 말
을 했다. "세상이 망한다는데 어떻게 아이를 낳아요?"

저출생 위기 담론이 자라는 와중에 '전통' 가족을 수호하는
정책은 새로 생겨나고 있었다. 앞에서 논의한 건강가정기본법이
2005년부터 시행되었다. 또 같은 해 국회는 민법에서 호주제 관
련 조항을 삭제하면서 민법 제779조에 '가족의 범위' 조항을 남
긴다. 호주제의 폐지로 가족이 상실될까 우려하며, 가족이란 결
혼과 혈족으로 구성되어야 함을 개정법에 새긴 것이다.[20] 그 결

과 배우자, 직계혈족, 형제자매, 그리고 생계를 같이 하는 경우로서 직계혈족의 배우자, 배우자의 직계혈족 및 배우자의 형제자매를 '가족'으로 정한다. 2015년에는 5장에서 언급한 '예'와 '효'를 덕목으로 포함한 인성교육진흥법이 시행된다.

그러는 동안 '동성애 반대'의 목소리가 거침없이 커졌다. 1장을 열며 2007년 차별금지법에 대한 반대구호로 등장했다고 소개한 "며느리가 남자라니!"라는 외침은, 단지 성소수자에 대한 반대가 아니었다. 동성애, 그리고 동성결혼을 반대한다는 것은, 곧 사람이라면 모름지기 이성과 결혼하고 자녀를 출산해야 한다는 메시지이고, 여성과 남성에게는 서로 다른 역할이 있음을 상기시키는 일이었다. 말하자면 성소수자 반대운동은 가족각본을 절대적인 도덕률로 신앙화하는 작업이자, 가족각본에서 벗어난 삶의 형태를 부정하고 가부장적 질서를 유지시키는 핵심 담론이었다.

이제 '양성평등'이란 말이 '성평등'과 다른 의미로 사용되기 시작했다. 2014년 '여성발전기본법'이 전면 개정되면서 이 법의 이름은 '양성평등기본법'이 되었다. 성별과 관계없는 모든 사람의 '성평등'이 아니라 성별과 반드시 연관되어야 하는 '양성평등', 즉 남성과 여성의 이분법적 구분을 전제로 한 평등이 정책으로 만들어졌다. 성별이분법에 부합하지 않는 신체를 가진 인터섹스(간성, intersex)나, 태어났을 때 지정된 성별과 다른 정체성으로 살아가는 트랜스젠더, 이성애 규범을 벗어난 게이, 레즈비언, 바이섹슈얼 등을 받아들일 수 없다는 뜻은, 결국 고정된 성역할 규범을 유지하겠다는 의지였다.[21]

한국이 가족각본에 포획된 사이, 지난 20년 동안 세계는 많이 변했다. 영국은 교회법을 따라 1533년 동성 간 성행위를 처벌하는 법을 도입한 뒤 식민지배로 전세계에 전파한 역사가 있는데, 2003년 이를 최종 폐기하고 2013년 동성결혼을 법제화한다. 미국은 동성 간 성관계를 처벌하는 형법 조항을 연방대법원이 위헌이라고 판결한 것이 2003년인데, 2015년 연방대법원이 동성 커플의 혼인할 권리를 인정하면서 모든 주에서 동성결혼을 인정하기에 이른다. 나치에 의한 대규모 동성애자 학살의 역사를 가진 독일은 당시 근거 법령이었던 형법 조항을 1960년대에 삭제하였고, 2017년 민법을 개정하여 동성결혼을 제도화한다.[22] 2001년 네덜란드를 시작으로 20여년이 지나는 사이 34개 국가(2023년 5월 기준)가 동성결혼을 인정하게 되었고 그 수는 계속 증가하고 있다.

결혼 외의 공동생활을 보호하는 제도도 개발되었다. 잘 알려져 있듯이 프랑스는 1999년 연대계약을 도입했다. 연대계약은 법률혼과 달리 상대방의 가족과 인척관계를 형성시키지 않으면서 법률혼과 동일하게 상호부양과 협조의 의무를 부여하며, 한 사람이 사망하더라도 남은 사람이 살던 곳에서 계속 살도록 거주권을 인정하는 등 공동생활을 보호한다. 연대계약은 처음부터 동성커플과 이성커플 모두를 위해 설계되었고, 공식적으로 계약을 체결하는 신고절차를 통해 성립된다. 프랑스는 다른 한편으로 1999년 당사자 사이의 자유로운 공동생활인 '동거'를 민법에 규정하면서 동성커플을 포함했고, 2013년부터는 동성결혼을 인정한다. 이로써 프랑스에서는 동성과 이성의 커플 모두 법률혼, 연대계약, 동거 중 하나를 선택하여 가족을 구성할 수 있게 하였다.[23]

독일의 경우 2001년 '등록된 생활동반자관계에 관한 법률'Gesetz über die Eingetragene Lebenspartnerschaft을 제정했다. 동성커플을 보호하려는 취지가 있었지만 동성커플만을 대상으로 함으로써 이성커플의 혼인과 구별하려는 의도가 담긴 제도였다. '이등지위'를 부여한 차별이라는 비판이 따랐다. 결국 독일은 2017년 법률혼에 동성커플이 포함되도록 혼인을 '개방'하면서 생활동반자 제도는 중단하기로 한다.[24] 반면, 영국은 조금 다른 선택을 했다. 먼저 2004년 동성커플을 위해 동반자관계법Civil Partnership Act을 제정했다. 2013년이 되어 동성결혼을 법제화했는데 이때 동반자 관계법을 폐지하지 않았다. 대신 이성커플도 동반자관계를 맺을 수 있게 2019년에 법을 개정하면서, 동성커플과 이성커플 모두 결혼 또는 동반자관계의 선택지를 갖게 했다.[25]

한국도 혼인이 아닌 공동생활을 보호하는 장치가 있다. 혼인 신고가 되지 않았지만 사실상 혼인과 같다고 해서 '사실혼'이라고 인정하고 공동생활을 보호하는 경우다. 예를 들어, 6장에서 언급한 동거·부양·협조의 의무, 일상가사대리권, 일상가사채무 연대책임 등이 사실혼 부부에게도 인정된다. 하지만 법률혼과 달리 사실혼 관계에서는 배우자의 친족과 인척관계가 생기지 않고, 자녀는 혼인 외 출생자가 된다. 사실혼 관계에 있다가 서로 헤어지면 법률혼처럼 재산분할을 청구할 수 있지만, 어느 한쪽이 사망하면 법률혼과 달리 배우자가 상속권을 갖지 못한다. 그래도 사실혼 배우자는 건강보험의 직장가입자 피부양자로 인정되고, 공적연금에서 유족연금의 수급자격을 갖는 등 사회보장제도의 보호를 받기도 한다.[26]

아직까지 사실혼은 이성커플에게만 인정된다. 다만 이 글을 쓰는 현재, 동성커플에게도 사실혼 관계를 인정하라는 소송이 진행 중이다. 거슬러 올라가면 2004년 인천에서는 20여년간 함께 살던 동성의 두 사람이 헤어지면서 재산분할을 구하는 소송이 있었다. 원고는 사실혼 관계라 주장했지만, 당시 법원은 동성 간 관계는 사실혼으로 인정할 수 없다고 판결했다.[27] 그리고

2021년, 한 게이커플이 두 사람이 사실혼 관계라고 주장하며, 사실혼 배우자인 원고에게 건강보험 피부양자 자격을 인정하라는 소송을 제기한다. 국민건강보험공단을 상대로 한 이 소송에서 원고는 1심에서 패소했지만, 2023년 2월 항소심에서 승소했다. 항소심 법원이 사실혼 관계를 전면 인정한 것은 아니었다. 하지만 건강보험 피부양자 제도를 놓고 볼 때, 이성결합과 동성결합을 차별할 합리적인 이유가 없다고 했다.[28] 국민건강보험공단은 이 판결에 불복해 대법원에 상고한 상태다.

그럼 이성커플의 '비혼동거'는 사실혼으로 보호받는다는 뜻일까? 여기도 문제가 있다. 법적으로 사실혼으로 인정받으려면 '혼인의사'가 있어야 한다. 혼인의사를 어떻게 확인하는지 애매한데, 법원은 대체로 동거 사실, 부모에의 고지, 결혼식 여부 등을 고려한다. 오래된 판례 중에는 사람들의 편견 때문에 부모에게도 알리지 않고 결혼식 없이 동거생활을 했더니 둘 사이에 낳은 자식이 있는데도 대법원이 사실혼을 인정하지 않은 사례가 있다.[29] 지금도 기준이 모호하긴 하지만, 만일 누군가 결혼을 거부하고 동거를 선택한다면 혼인의사가 없으니 사실혼이 아니라고 법원은 판단할 수 있다. 그런데 혼인의사가 없다고 공동생활을 보호할 필요가 없어지는 건 아니지 않은가?[30]

최근 국회에는 다양한 형태의 공동생활을 보호하려는 움직임이 있다. 2023년 4월 용혜인 의원은 '생활동반자관계에 관한 법률안'을 대표 발의했다.[31] '생활동반자관계'는 두 사람 사이의 계약에 가까워서 상대방 가족과의 인척관계를 발생시키지 않는다. 그러면서도 결혼처럼 동거·부양·협조의 의무, 일상가사에 관한 대리권과 채무에 대한 연대책임 등을 부여하고 공동입양을 가능하게 한다. 아울러 사회보험 연금수급, 건강보험 피부양자 인정, 배우자 출산휴가와 돌봄휴직 사용, 소득세 인적공제, 가정폭력으로부터의 보호 등이 가능하게끔 관련된 다른 법들을 개정하도록 했다. 이어 5월 장혜영 의원은 동명의 생활동반자법안과 함께, 동성결혼을 인정하는 민법 개정안(혼인평등법), 결혼과 무관하게 출산을 지원하는 모자보건법 개정안(비혼출산지원법) 등 '가족구성권 3법'을 대표 발의했다.[32] 새로운 가족에 대한 논의를 국회가 진전시키기를 기대해본다.

다만, 이런 기대가 얼마나 희망적인지는 아직 잘 모르겠다. 이 책에서 이야기 나누었듯 국가는 오랫동안 가족생활에 대한 헌법적 책무를 개인의 도덕 문제로 돌리면서 제도적 개선 노력을 피했다. 한국사회가 가족의 해체와 붕괴를 논하며 개인의 책임을 탓하는 사이, 가족생활을 보장해야 할 국가의 책임은 은폐되었다. 대신 가족은 국가경제를 위해 인력을 공급하는 단위로 여겨지곤 했다. 저출생을 위기라 말하면서도 사람을 노동력으로서의

'인구'로 여기고, "출산은 애국"이란 말을 아무렇지 않게 할 정도로 사회는 사람을 도구화하는 데 익숙해졌다. 이제 가족정책과 인구정책을 같은 것이라고 여기는 정부의 무감각함 속에서, 사람이 이 땅에 태어나야 할 이유는 더 사라진다.

장경섭은 '가족도덕'의 회복을 강조하는 정치적 기조의 이면에, 국가가 사회보장 책임을 축소하면서 이를 합리화하는 의도가 숨어 있다고 보았다.[33] 실제로 한국의 공공부문 지출 수준은 낮은 편이다. OECD 통계에 따르면, 2022년 기준 국내총생산GDP 대비 공공부문 지출의 비중은 프랑스 31.6퍼센트, 독일 26.7퍼센트, 일본 24.9퍼센트, 스웨덴 23.7퍼센트, 영국 22.1퍼센트 등이고, OECD 평균이 21.1퍼센트이다. 이에 비해 한국의 공공부문 지출은 GDP의 14.8퍼센트에 불과하다.[34] 한국은 사회보장에 필요한 비용을 아끼고 가족에게 돌봄의 책임을 맡김으로써, 노동생산성을 극대화하는 데 주력해왔다.

그렇게 기업 역시 오랜 시간 돌봄의 책임을 피하며 이익을 누렸다. 돌봄을 '사적인' 가족의 문제로 분리시키고 여성의 보이지 않는 노동에 의지한 결과, 기업은 돌봄에 관해 신경쓰지 않고 노동자의 노동력을 한껏 사용할 수 있었다. 기업은 돌봄의 책임과 무관하다는 생각에서, 여성을 결혼과 육아를 이유로 차별하고 남성에게 과도한 노동시간을 요구했다. 그럼에도 국가의 '가족정책'은 여전히 가족이 공동생활을 위한 시간을 갖도록 제도를 마련하는 일보다, 아동을 돌봄 기관에 맡김으로써 국가와 기업이 노동력을 확보하게 만드는 데 집중되어 있다.[35] 돌봄을 국가와 기업을 포함한 모두의 책임이자 개인의 권리로 인식하고 함께 연대하게 될 때, 비로소 불평등한 돌봄의 시간도 재배치될 수 있을 것이다.

어려운 문제다. 다양한 가족의 현실과 변화에 따라 제도를 개선하고 설계하며 필요한 재정을 마련하는 일은 수많은 사람들의 연구와 아이디어가 요구되는 엄청난 프로젝트다. 그런데 다른 제도들도 그렇다. 변화하는 사회에 민감하게 반응하고 대안을 찾는 일을 우리는 '정책'이라고 부른다. 적어도 한가지는 분명하다. "며느리가 남자라니!"라는 구호에 동조하며 기존의 가족질서를 고수하는 것은 '정책'이 아니다. 우리는 지금 성별이 사람의 인생을 규정하던 시대를 넘어가고 있고, 부조리한 가족각본을 벗어나 모두의 존엄하고 평등한 가족생활을 보장하는 정책이 필요하다.

마피아
게임

서울 지하철 노선을 몽땅 외우던 소년이 있었다. 그의 주특기는 4호선이었다. "혜화역 다음은?" "한성대입구!" 누군가 옆에서 정답을 외쳤다. 1990년대 말 지하철에서 전단지를 돌리며 소위 '앵벌이'를 하던 소년들이다. 하루 종일 지하철 노선을 처음부터 끝까지 읊는 걸 취미로 하던 그 소년은 당시 열살 정도였던 걸로 기억한다. 천재냐고? 글쎄, 지능검사로는 낮은 점수가 나왔다. 학교를 거의 다니지 않아서 그런지 언어영역에서 잘 답하지 못했던 것 같다.

지하철에서 구걸하는 사람이 건네는 전단지를 한번쯤 본 적이 있을지도 모르겠다. 전단지에서는 으레 부모를 잃고 양육시설에 맡겨졌다거나 가족이 아프다는 말로 그들 자신의 어려운 처지를 호소한다. 이 '뻔한' 줄거리를 들으며 누군가는 의심했을

게다. '거짓말이 아닐까?' 그들의 모든 뒷이야기를 나 역시 알 수 없다. 다만 지하철 노선을 외던 소년들을 통해 조금은 배울 수 있었다. 전단지의 호소가 모두 진짜라고 할 순 없어도 그 안에 어느 정도의 진실은 있었다. 돌아갈 가족이 없다는 것.

가족이 아예 없다는 의미는 아니다. 가족이 있어도 돌아가고 싶지 않거나, 돌아가면 인생이 더 힘들어진다는 복잡한 상황을 뜻한다. 당시 아동복지기관에서 근무하던 초년생 사회복지사였던 나의 일은 그들을 최대한 '가족에게 돌려보내는' 것이었다. 별로 성공적이지 않았다. 그들을 가족에게 돌려보내도 다시 지하철에서 마주치곤 했으니. 지금에 와서 생각하는 것이지만, 내가 애써 돌려보내려 했던 (법적인) '가족'은 그들의 (현실적인) '가족'이 아니었다. 그때 이런 생각을 했다 해도 별로 바뀌는 건 없었을 것이다. 법이 정한 가족에게 돌아갈 수 없는 아동에게 미래는 참 막막했다.

가족이 불평등하다는 사실, 또 그런 가족으로 인해 개인들 사이에 불평등이 생긴다는 사실을 우리는 모두 알고 있다. 내가 공부한 '사회복지실천'이라는 학문도 결국 따지고 보면 가족의 '실패'를 겪은 사람들을 주 대상으로 도움을 제공하는 방법을 탐구하는 것이었다. 난 가족이 없이 홀로 거리에서 생존하며 성장하고 있는 아동들을 돕겠다는 마음으로 첫 직장을 택하기도 했다. 하지만 가족의 '기능'을 회복하게 돕는다는 이론들은 일부의 (그나마 상황이 괜찮은) 가족들에게 도움이 될 뿐, 현실은 많이 달랐다. 수많은 사회복지사들이 가족이 '해체'된 사람을 돕고자 진심을 다했지만, 가족 밖의 사회는 가족이 '온전치' 못한 사람들에게 척박하고 냉혹했다.

이 모든 불행의 이야기 속에서 거의 언제나 원인은 가족이었다. 가족이란 제도가 아니라, 온전치 못한 그 가족이 문제라는 생각. 그래서 해결을 구하는 지점도 그 '문제적' 가족이었다. 제도나 관습으로서의 가족은 바꿀 수 없는 상수이고, 자의든 타의든 모범가족의 모습을 따르지 못한 개별 가족들이 변화의 대상이었다. 가족의 기능을 정상화하면 모든 문제가 해결되지 않을까 기대했지만, 많은 경우 이미 시작부터 실패한 기획이었다. 가족의 기능을 회복시킨다는 건, 애초에 불평등을 만든 바로 그 가족모델을 정당화하고 유지시키는 회로의 일부일 뿐이었으니까. 그러는 사이 경제위기가 몰아치고, 더 많은 가족들이 경제적 어려움을 겪으며 흩어지고 있었다.

시간이 꽤 흘렀다. 한동안 '금수저' '흙수저'의 은유가 여기저기 사용되더니, 얼마 전부터는 '부모찬스' 사건들로 세상이 들썩인다. 엘리트 부모가 자신의 명망, 부, 인맥을 이용해 자식에게 유리한 스펙과 학벌을 안겨주고, 자식이 잘못을 저질러도 징계와 처벌을 피하게 만드는 사건들을 접한다. 이런 사건들은 범죄가 명백하게 드러나면 처벌이 이루어지기도 하지만 그저 사람들을 경악케 하고 잠잠해지는 일도 부지기수다. 사람들은 이런 현실에 수긍하기도 한다. "능력 없으면 네 부모를 원망해"라는 누군가의 말에 분개하다가, 그래서 자신은 부모가 될 수 없다는 생각에 이르기도 한다. 능력이 없으면 차라리 자식을 낳지 않는 것이 이 시대에 '좋은 부모'가 되는 아이러니다.

'부모찬스'가 공정성을 훼손한다는 비판의 소리도 크게 들려온다. 세상이 뒤집어질 정도로 첨예한 정치적 논쟁이 되기도 한다. 하지만 가족 불평등에 대한 근본적인 성찰로 이어지는 것 같진 않다. 부모찬스를 비판하던 이들도 가족에게 돌아가 자식을 위해 최선을 다한다. 대부분의 사람들은 ─진보와 보수를 가리지 않고─자식을 위해 자신이 가진 최대치의 권력을 사용하는 일을 당연하거나 어쩔 수 없거나 숭고하게 여긴다. 단지 각자가 가진 '최대치의 권력' 수준이 다를 뿐, 누구든지 기회가 허락하는 만큼 부모의 능력을 사용하는 사회에서 공정성이란 가치는 얼마나 유효한가.

이제 합계출산율은 점점 떨어져 1명 미만의 시대가 되었고, 출생아 수는 1970년 100.7만명이던 것에서 1995년 71.5만명, 2010년 47만명, 그리고 2022년 24.9만명이 되었다.[1] 인구감소는 비수도권 지역에 크게 영향을 주어 지역 소멸의 위기가 논해진 지 한참이다. 그러는 와중에 지난 3월 국회에서는 여성의 육아 부담을 덜어 저출생 문제를 해결하겠다며 최저임금의 적용을 받지 않는 외국인 가사노동자를 도입한다는 법안이 제출되었다.[2] '값싼' 노동력을 외국에서 공급하려는 '현대판 노예제'라는 지적과 함께, 이런 조치가 가사노동의 가치를 더욱 절하하고 여성의 성역할을 강화한다는 비판이 일었다. 근본적으로 과연 출생률 제고에 효과가 있을지 논쟁이 제기되는 와중에, 서울시는 외국인 가사노동자 도입 시범사업을 한다고 나섰다.[3]

가족이 제대로 '기능'하게끔 돕는다는 이 발상에 기시감이 들며 고개가 갸우뚱해진다. 이런 정책이 당장은 가사노동의 부담을 가진 여성에게 도움이 될 것처럼 보이지만, 정말로 여성을 위한 정책일까? 이 책에서 다루었듯 자녀를 위한 길이라는 미사여구로 '미혼모'에게 해외입양을 종용하고, 훌륭한 어머니상을 앞세워 성별분업을 신성화했던 오랜 역사를 생각하면, 가족을 위한다는 명목 뒤에 숨겨진 의도 혹은 효과를 의심할 필요는 충분하다. 여성은 정말 자신의 노동시간을 확보하기 위해 다른 여성에게 자녀를 맡기길 원하는가? 그리하여 나의 자녀를 돌보는 이주여성의 자녀는 또다른 여성에게 맡겨지는 초국가적 연쇄작용은 어떻게 할 것인가? 이 정책은 과연 누구를 위한 것인가?

살짝 말을 바꾸어 다시 질문해보자. 이 정책으로 인해 이득을 보는 사람은 누구인가? 마치 마피아 게임처럼 시민으로 위장한 '마피아'를 찾아보자. 정책의 전면에 등장하지 않지만 사실은 정책을 통해 이득을 취하는 이, 가령 기업은 어떤가? 외국인 가사노동자를 도입함으로써 가족의 생활이 나아질지는 알 수 없지만, 분명 기업은 노동력을 원활하게 공급받을 것이다. 그런데 왜 정책 논의의 구도에서 기업은 플레이어가 아닌? 만일 기업을 상수가 아니라 변수로 생각한다면, 사람들이 돌봄에 더 많은 시간을 쓸 수 있게 기업을 변화시키는 정책을 먼저 생각해낼 수도 있다.

우리가 경제발전을 위해 달려온 지난 세월 동안 산업은 국가의 중심처럼 생각되었고 국가는 산업을 위해 우수한 노동력을 생산해 공급하는 일에 주력했다. 그 오랜 노력과 성과를 깎아내리고 싶지는 않지만, 소위 선진국으로 진입했다고 얘기되는 오늘날 그 과정이 남긴 쓰라린 유산을 돌아보아야 할 필요까지 없는 건 아닐 테다. 꽤 오랫동안 가족은 서로를 돌보며 친밀감을 나누는 시간을 포기하면서 산업에 필요한 인력을 생산하고 양성하는 일에 주력했다. '우수 인력을 양성'한다는, 생각해보면 인간을 도구적으로 바라보는 이 섬뜩한 언어에 우리는 익숙하게 길들여졌고, 가족 역시 그러한 목표를 향해 (어쩔 수 없이) 달려가

며 살아왔다.

그리하여 마치 가족이나 기업이나 매한가지인 것처럼, 경제가
어려우면 경제적 기반이 취약한 가족부터 무너지는 현상을 계속
해서 겪어왔다. 사람의 노동력을 최대한으로 뽑아내 이윤을 창
출하는 걸 미덕으로 여기는 산업사회는 가족이 서로를 돌볼 몸
을 빼앗으며 그 책임을 가족에게 돌려왔다. 지하철에서 만난 '가
족 없는' 아동들도, 이제 결혼 밖에서 삶을 계획하는 청년들도,
이 사회가 정답이라 믿어온 가족제도는 서열을 낳는 경제적 불
평등과 오차가 거의 없는 체제임을 보여준다. 그런데도 가족의
해체를 우려하며 '비정상' 가족을 가려내는 정책은 필연적으로
불평등을 가속화하고, 결국 그 불평등이 사람이 태어날 수 없는
환경을 만들고 있다.

이 와중에 결혼제도 안으로 진입하려는 성소수자의 행보가
이상하게 보일 법하다. 이 책에서는 동성결혼 때문에 기존의 가
족제도가 흔들릴 것을 우려하는 사람들의 이야기를 다루었지만,
사실 정반대의 우려도 제기된다. 가족의 의미를 새로 써야 하는
이 시대에, 동성결혼을 요구하는 주장이 기존의 가족담론을 다
시금 유지시키는 건 아닌지 염려하는 것이다. 동성커플이 결혼
한다고 이성커플의 결혼이 달라지지는 않을 테니, 결혼을 둘러
싼 문제들은 그대로 남는 듯 보이기도 한다. 하지만 이 책에서 다

루었듯이, 가족이란 제도와 관습 안에서 성소수자의 존재가 던지는 화두는 더욱 본질적이다. 익숙한 가족각본을 잠시 내려두고 사회가 함께 질문하게 만드니 말이다. 가족이란 무엇인가 ─ 우리는 누구를 위해, 그리고 무엇을 위해 가족을 꾸리는가?

이 책을 쓰며 인용한 문헌들에서 보듯, 이미 수많은 연구자와 활동가 들이 가족제도를 비판적으로 연구해왔다. 놀랍도록 풍부한 연구들을 감탄하며 읽고 정리하면서 생각했다. 가족제도에 대한 논의는 왜 정치적으로 중요한 이슈가 되지 못하는가? 가족생활이 국가의 가장 중요한 의제가 되지 못할 이유가 무엇일까? 한국사회에서 경제, 국방, 교육 등 다른 의제보다 가족을 덜 중요하게 다루는 관념 자체가 말해주는 현실이 있다. 가족은 여전히 국가를 위해 유용한 인력을 생산하는 수단이며, 헌법이 요구하는 가족생활의 보장은 아직도 국가의 목표가 아니라는 것.

합계출산율 1명 미만의 시대는 이토록 부조리하고 불평등한 사회에 아이를 낳으라는 불가능한 요구와 함께 계속되고 있다. 지금 한국사회의 저출생이 국가적 위기라면, '인구'가 줄어서가 아니다. 웬만해서는 사람이 태어나 살 수 있는 땅이 아니라는 뜻이기 때문이다. 다양한 돌봄의 공동체가 시간과 마음을 나누며 행복하게 살아가기 어려운 사회라는 뜻이기 때문이다. 인구정책은 가족정책이 아닌데, 이 두가지가 어떻게 다른지 모르는 사회를 또 반복하며 우리 삶의 시간은 흘러간다. 그래서 묻고 싶다.

이제 우리, 가족각본을 벗어날 때도 되지 않았나요?

주

프롤로그: 가족이라는 각본

1 차별금지법제정연대의 미류 활동가와 이종걸 활동가는 2022년 4월 11일 국
   회 앞에서 차별금지법 제정을 요구하는 단식 농성을 시작하였다. 이때부터
   5월 26일까지 46일간 단식 농성이 계속되는 동안 9백명의 시민이 농성장에
   방문하여 동조단식에 참여하였고, 그외에도 전국적으로 동조단식과 1인 시
   위에 참여하는 시민들의 연대가 있었다. 자세한 내용은 차별금지법제정연대
   「〔후속보도자료〕 차별금지법 제정 쟁취를 위한 46일 농성 & 단식투쟁 마무리
   기자회견 "정치의 실패다. 차별금지법 제정까지 끝까지 투쟁한다."」, 2022. 5.
   25, https://equalityact.kr/press-220526/ (2023. 5. 30. 방문) 참조.

1장 왜 며느리가 남자면 안 될까

1 「"동성애 드라마 거부, 종교 논리로 기본권 박탈하는 몰상식": 차세기연, 국민
   연합의 동성애 드라마 시청 거부 운동에 반발 … 중단 촉구 성명서 발표」, 『뉴

스앤조이』 2010. 6. 8.

2 김선주 「'인생은 아름다워'는 좋았다」, 『한겨레』 2010. 11. 14.

3 「(사설) "며느리가 남자라니…" 드라마의 일탈」, 『국민일보』 2010. 6. 7.

4 「동성애 보호하면 가정이 파괴된다?」, 『한겨레21』 740호, 2008. 12. 18.

5 세계가치관조사(World Value Survey, WVS)와 유럽가치관연구(European Values Study, EVS)에서 동일 문항을 조사하며, 한국은 세계가치관조사에 제1차(1981~84)부터 최근의 제7차(2017~22)까지 참여해왔다. 본문에서 소개하는 각국의 점수와 OECD 평균 및 순위는 European Values Study and World Values Survey, Joint EVS/WVS 2017~2022 Dataset Results by Country, GESIS-DAS and JD Systems Madrid, 2022, 412~13면에 제공된 결과를 바탕으로 산출한 것이다. 해당 사이트는 https://www.worldvaluessurvey.org/WVSEVSjoint2017.jsp (2023. 4. 16. 방문). 2001년의 한국과 2000년의 일본에 관한 논의는 제4차(1999~2004) 세계가치관조사의 국가별 결과 중 World Values Survey, WV4_Results: South Korea, 2001, 44면; World Values Survey, WV4_Results: Japan, 2000, 79면을 참조했다. 해당 사이트는 https://www.worldvaluessurvey.org/WVSDocumentationWV4.jsp (2023. 4. 16. 방문).

6 한국 다음으로 리투아니아 2.8점, 튀르키예 2.1점 순이다. OECD 38개국 중 벨기에, 코스타리카, 체코, 아일랜드, 이스라엘, 룩셈부르크 등 6개국은 해당 결과가 없어 제외하고 나머지 32개국이 포함된 순위다.

7 「며느리」, 우리말샘, 국립국어원, https://opendict.korean.go.kr/dictionary/view?sense_no=457598&viewType=confirm (2023. 4. 16. 방문).

8 조남주 「시댁 예쁨 받고 싶어 나를 못 지킨 순간들 … 그 '지뢰', 언젠간 터져요」, 『경향신문』 2017. 8. 26. 참조. 국립국어원은 '온라인가나다' 게시판에 올라온 '며느리'의 어원에 관한 질문에 대해 "학자마다 다르게 해석할 수 있겠으나, 명확한 근거가 없"다고 하며, 15세기에 나타난 '며늘'의 의미와 쓰임에 대해 "답변을 드릴 만한 근거 자료가 없"어 "현재로서는 그 의미를 알 수 없는

표현"이라고 답한 바 있다(2018. 11. 2. 국립국어원 온라인가나다 '며느리의 어원'에 대한 답변).

9 「며느리 婦」, 네이버 한자사전, https://hanja.dict.naver.com/#/entry/ccko/6 f754cf74eac4353a140d164e69b4333 (2023. 4. 16. 방문).

10 일본어에서는 아내와 남편이 동일하게 배우자의 어머니를 '義母' 또는 '姑', 배우자의 아버지를 '義父' 또는 '舅'로 지칭하고, 상대의 부모를 부를 때는 (자신의 부모를 부르는 용어와 동일하게) 배우자의 어머니를 'おかあさん', 배우자의 아버지를 'おとうさん'이라고 한다. 홍민표 「한일 친족호칭에 대한 사회언어학적 연구: 인척관계를 중심으로」, 『일본연구』 34집, 2013, 112~14, 117~18면.

11 「며느리」, 『한국민족문화대백과사전』, 한국학중앙연구원, https://encykorea. aks.ac.kr/Article/E0018137 (2023. 4. 16. 방문).

12 유형동 「풍수설화에 나타난 여성의 행위와 내재적 의미: 「딸이 빼앗은 명당」 유형과 「며느리가 망친 명당」 유형을 대상으로」, 『어문론집』 77집, 2019, 108~11면; 심민호 「풍수설화에 나타난 여성인물 고찰: 남성의 시각으로 재단된 여성들」, 『겨레어문학』 37집, 2006, 178~79면.

13 박현숙 「설화에 나타난 '새식구 들이기'에 대한 두 가지 시선: 「며느리 고르기」와 「사위 고르기」 설화의 비교」, 『구비문학연구』 30집, 2010.

14 같은 글 9면.

15 「가부장제」, 『표준국어대사전』, 국립국어원.

16 David Herlihy, "The Making of the medieval family: Symmetry, structure, and sentiment," *Journal of Family History* 8(2), 1983, 118면; 프리드리히 엥겔스 『가족, 사적 소유, 국가의 기원』, 개정1판, 김경미 옮김, 책세상 2018, 99면 참조.

17 「가부장제」, 『한국민족문화대백과사전』, 한국학중앙연구원, https:// encykorea.aks.ac.kr/Article/E0000200 (2023. 4. 16. 방문) 참조.

18 박미해 『유교 가부장제와 가족, 가산』, 아카넷 2010, 30~31면.

19 「혼인법」,『한국민속대백과사전』, 국립민속박물관, https://folkency.nfm. go.kr/topic/detail/541 (2023. 4. 16. 방문); 김성숙「조선시대 정혼에 관한 연구」,『가족법연구』20권 3호, 2006, 183~84, 193, 220면 참조.

20 차선자「혼인의 의미 전환과 여성」,『젠더법학』7권 1호, 2015, 110면; 정동호『한국 가족법의 개변맥락』, 세창출판사 2014, 65~66면.

21 현행 민법(2011년 3월 7일 법률 제10429호로 개정된 것) 제808조(동의가 필요한 혼인) ① 미성년자가 혼인을 하는 경우에는 부모의 동의를 받아야 하며, 부모 중 한쪽이 동의권을 행사할 수 없을 때에는 다른 한쪽의 동의를 받아야 하고, 부모가 모두 동의권을 행사할 수 없을 때에는 미성년후견인의 동의를 받아야 한다. ② 피성년후견인은 부모나 성년후견인의 동의를 받아 혼인할 수 있다.

22 Charlotte Christensen-Nugues, "Parental authority and freedom of choice: The debate on clandestinity and parental consent at the Council of Trent (1545–63)", *The Sixteenth Century Journal* 45(1), 2014.

23 Charles Donahue, "The canon law on the formation of marriage and social practice in the later middle ages," *Journal of Family History* 8(2), 1983, 146~47면

24 Charlotte Christensen-Nugues, 앞의 글 53~55면

25 같은 글 55면. 여성은 17세에서 25세로, 남성은 20세에서 30세로 성년 연령을 높인 것이다.

26 유발 하라리『사피엔스』, 조현욱 옮김, 김영사 2015, 231면.

27 같은 책 224~32면.

28 「남존여비(男尊女卑)」,『한국민족문화대백과사전』, 한국학중앙연구원, https://encykorea.aks.ac.kr/Article/E0012160 (2023. 4. 16. 방문).

29 「삼종지도(三從之道)」,『한국민족문화대백과사전』, 한국학중앙연구원, https://encykorea.aks.ac.kr/Article/E0026813 (2023. 4. 16. 방문).

30 메리 울스턴크래프트 『여성의 권리 옹호』, 문수현 옮김, 책세상 2018, 41면.

31 존 스튜어트 밀 『여성의 종속』, 서병훈 옮김, 책세상 2018, 169면.

32 같은 책 40~41면.

33 같은 책 92~103, 173~74면.

34 장경섭 『내일의 종언(終焉)?: 가족자유주의와 사회재생산 위기』, 집문당 2018, 52면(작은따옴표는 원문).

35 헌법재판소 2005. 2. 3. 2001헌가9 결정. 양현아에 의하면, 호주제는 일제가 조선의 가계계승제도를 활용하면서 일본의 가(家) 제도를 법적으로 이식시킨 "착종"이었다. 양현아 『한국 가족법 읽기』, 창비 2011, 167~76면.

36 「2005년 폐지 때까지 세계 유일했던 '호주제'」, '기록으로 만나는 대한민국,' 행정안전부 국가기록원, https://theme.archives.go.kr/next/koreaOfRecord/abolishPatri.do (2023. 4. 18. 방문).

37 안효자·정향인 「베트남 출신 며느리를 맞은 농촌 지역 시어머니의 적응과 정」, 『간호행정학회지』 20권 1호, 2014, 28~31면; 강혜경·어성연 「결혼이민자 가정 고부갈등의 맥락적 요인에 대한 탐색적 연구: 시어머니와 며느리의 인터뷰를 중심으로」, *Family and Environment Research* 52(4), 2014, 360~67면 등 참조.

38 나윤정 외 『사회적 소통을 위한 언어 실태 조사』, 국립국어원 2017, 28~29면.

39 박철우 외 『우리, 뭐라고 부를까?』, 국립국어원 2019, 4~5면; 국립국어원 「(보도자료) 서로 존중하고 배려하는 호칭과 지칭: 국립국어원, 『우리, 뭐라고 부를까?』 발간」, 2020. 4. 2.

40 동성결혼의 시행일 기준, 연도순으로 해당 국가를 적으면 다음과 같다. 네덜란드(2001), 벨기에(2003), 스페인(2005), 캐나다(2005), 남아프리카공화국(2006), 노르웨이(2009), 스웨덴(2009), 포르투갈(2010), 아이슬란드(2010), 아르헨티나(2010), 덴마크(2012), 브라질(2013), 프랑스(2013), 우루과이(2013), 뉴질랜드(2013), 영국(2014~20), 룩셈부르크(2015), 미국(2015), 아

일랜드(2015), 콜롬비아(2016), 핀란드(2017), 몰타(2017), 독일(2017), 호주(2017), 오스트리아(2019), 대만(2019), 에콰도르(2019), 코스타리카(2020), 칠레(2022), 스위스(2022), 슬로베니아(2022), 쿠바(2022), 멕시코(2022), 안도라(2023). 이상 2023년 5월 기준.

2장 결혼과 출산의 절대공식

1   국가지표체계, 합계출산율, https://www.index.go.kr/unify/idx-info. do?pop=1&idxCd=5061 (2023. 4. 19. 방문). '합계출산율'이란 "가임기 여성 (15~49세) 1명이 가임기간(15~49세) 동안 낳을 것으로 예상되는 평균 출생 아수"를 말한다.

2   OECD, "Fertility rates"(indicator), https://doi.org/10.1787/8272fb01-en (2023. 6. 28. 방문). OECD 합계출산율 자료(1970~2021년)를 보면, 한국은 2004년 이래 두차례(2007, 2012년)를 제외하고 줄곧 OECD 국가 중 합계출산율이 가장 낮았으며, 2018년부터 합계출산율 1명 미만이 되었다. OECD 자료에서 1명 미만의 수치가 나타난 국가는 한국이 유일하며, 2021년 기준 합계출산율이 한국 다음으로 낮은 국가는 몰타로 1.13명이었다.

3   「[풀영상] KBS초청 2018 지방선거 서울시장 후보 토론회」, KBS News, 2018. 5. 31, https://www.youtube.com/watch?v=zENmA0zQyfY (29:48~31:15) (2023. 4. 19. 방문)

4   보건복지부 『2023 모자보건사업안내』, 97~98면; 「'비혼 출산' 불법 아니지만, 정자 제공·시술비 지원제도 없어」, 『연합뉴스』 2020. 11. 19.

5   OECD Family Database, "Fertility indicators: SF2.4 Share of births outside of marriage," https://www.oecd.org/els/family/database.htm (2023. 4. 19. 방문). '혼외출생률'이란 당해 연도의 모든 출생자 가운데 출생 당시 모가 혼인 상태

가 아닌 경우(독신, 비혼동거, 이혼·사별, 사실혼 관계)의 비중으로 정의되며, 단 일본, 한국 등 일부 국가는 출생자의 부모가 서로 혼인관계로 등록되지 않은 경우를 지칭한다.

6 허균 『홍길동전』, 김탁환 옮김, 민음사 2009, 16면.

7 송기호 「서얼 차별」, 『대한토목학회지』 55권 5호, 2007, 74~75면.

8 송기호 「처와 첩」, 『대한토목학회지』 54권 10호, 2006, 111면.

9 송기호, 앞의 글(「서얼 차별」) 74면.

10 권내현 「조선후기 동성촌락 구성원의 통혼 양상」, 『한국사연구』 132호, 2006, 124~25면. 서자 28퍼센트 외에 나머지는 적자 71.3퍼센트, 불명 0.7퍼센트였다.

11 송기호, 앞의 글(「서얼 차별」) 75, 78면.

12 「서얼금고법」, 『한국민족문화대백과사전』, 한국학중앙연구원, https://encykorea.aks.ac.kr/Article/E0027919 (2023. 4. 21. 방문); 이지영 「『홍길동전』 속 '가정 내 서얼차대'의 실상과 그 해소의 의미: 서얼 소통의 역사적 전개 과정에 주목하여」, 『동아시아고대학』 34집, 2014, 157면.

13 신영주 「조선 중기 서얼 지식인의 소외와 문학적 대응」, 『동방한문학』 67집, 2016, 31~34면.

14 홍양희 「"애비 없는 자식", 그 '낙인'의 정치학: 식민지시기 '私生兒' 문제의 법적 구조」, 『아시아여성연구』 52권 1호, 2013, 42~47, 57면. 당시 조선호적령에서는 '적출자'가 아닌 출생으로 '사생아'와 '서자'가 있었는데, '사생아'는 부가 자신의 자식으로 인지하는 법적 절차를 거치면 '서자'로서 호적에 입적되었다.

15 구 민법(1958년 2월 22일 법률 제471호로 제정되고 2005년 3월 31일 법률 제7427호로 개정되기 전의 것) 제985조 제1항("〔호주상속〕 동순위의 직계비속이 수인인 때에는 최근친을 선순위로 하고 동친 등의 직계비속 중에서는 혼인 중의 출생자를 선순위로 한다").

16 이경희·윤부찬 『가족법』, 10정판, 법원사 2021, 181, 188~94면; 윤진수 『친족상속법 강의』, 제3판, 박영사 2020, 187, 191~93면.

17 Solangel Maldonado, "Illegitimate harm: Law, stigma, and discrimination against nonmarital children," *Florida Law Review* 63(2), 2011, 351면; Victor von Borosini, "Problem of illegitimacy in europe," *Journal of Criminal Law and Criminology* 4(2), 1913, 234면.

18 국립국어원 『표준국어대사전』에 따르면, '호래자식'은 '홀+-의+자식'을 어원으로 하고, 변형되어 '후레자식'으로도 사용된다.

19 Serena Mayeri, "Foundling fathers: (Non-)marriage and parental rights in the age of equality," *The Yale Law Journal* 125(8), 2016, 2303면.

20 Stanley v. Illinois, 405 U.S. 645, 658 (1972).

21 Gomez v. Perez, 409 U.S. 535, 536-538 (1973).

22 Kerry Abrams and Peter Brooks, "Marriage as a message: Same-sex couples and the rhetoric of accidental procreation," *Yale Journal of Law & the Humanities* 21(1), 2009, 9면.

23 같은 글 9면.

24 Harry D. Krause, "Equal protection for the illegitimate," *Michigan Law Review* 65(3), 1967, 499면.

25 「출생신고 거부된 미혼부, 아빠 되기를 포기하지 않는다」, 『한겨레』 2020. 2. 22. 일명 '사랑이법'은 '가족관계의 등록 등에 관한 법률' 제57조를 개정한 것(2015. 5. 18. 법률 제13285호, 2015. 11. 19. 시행)으로, 종전에 "부가 혼인 외의 자녀에 대하여 친생자 출생의 신고를 한 때에는 그 신고는 인지의 효력이 있다"고 정한 것 외에, 모의 성명, 등록기준지, 주민등록번호 등을 알 수 없는 경우 법원의 확인을 받아 부가 신고할 수 있도록 절차를 명시한 것이다. 이후 2021일 3월 16일 법률 제17928호로 개정된 법(2021. 4.17. 시행)에서는, 모를 특정할 수 없거나 모의 소재불명 또는 협조거부 등의 어려움이 있는 경우에

부가 법원의 확인을 받아 출생신고를 할 수 있도록 명시하였다.

26 헌법재판소 2023. 3. 23. 2021헌마975. "아내가 혼인 중에 임신한 자녀는 남편의 자녀로 추정"(민법 제844조 제1항)되는데, 이 추정을 깨고 아이의 엄마의 남편이 아닌 생부가 아이의 '친부'라고 관계를 인정받는 것은 불가능에 가깝다. 그럼에도 '가족관계의 등록 등에 관한 법률'에서 생부가 자녀와의 관계를 인정받을 것을 전제로 하여 출생신고 절차를 마련함으로써 이같은 아동의 출생신고가 불가능해진 것에 대해 헌법재판소가 헌법불합치라고 결정한 것이다. 따라서 생부가 법적으로 친부로 인정되지 않더라도 생부라는 확인을 통해 출생신고를 할 수 있는 방법이나 의료기관 등을 통한 실효적인 출생등록 절차를 마련하라는 취지로 해당 법률을 개정토록 하였다.

27 「비혼부도 자녀 출생신고 가능 … '사랑이 아빠' 김지환 대표 "아이 기본권 인정받아 감사"」, 『여성신문』 2023. 3. 30.

28 2023년 6월 30일 국회에서 통과된 해당 법안은 '가족관계의 등록 등에 관한 법률' 개정안으로, 의료기관의 장이 아동의 출생정보를 건강보험심사평가원에 제출하고, 건강보험심사평가원이 시·읍·면의 장에게 출생 사실을 통보하도록 하여, 시·읍·면의 장이 출생신고 여부를 확인하고 출생신고가 되지 않은 경우 감독법원의 허가를 받아 직권으로 출생등록을 하게끔 하는 내용이다. 한편, 권인숙 의원 등 38인은 2022년 6월 28일 국내 출생 외국인 아동을 위한 출생등록 절차를 만들어 인권보장의 기초를 마련하려는 취지로 '외국인아동의 출생등록에 관한 법률안'(의안번호 2116167)을 제출하기도 했다. 보편적 출생등록에 관한 자세한 논의로, 김희진 외 『생일 없는 아이들』, 틈새의시간 2022 참조.

29 여성가족부 「다양한 가족에 대한 국민인식조사」, 2021, 13면. 다른 가족 형태에 대한 수용도를 보면, '입양된 자녀' 81.2퍼센트, '한부모 가족의 자녀' 80.2퍼센트, '다문화 가족의 자녀' 79.2퍼센트, '재혼 가족의 자녀' 75.1퍼센트 등이다.

30 「"출산이 애국" 여협의 본말전도」,『한겨레』 2005. 10. 27.

31 「출산이 애국이라고?」,『여성신문』 2005. 10. 28.

32 행정자치부 「(보도자료) 대한민국 출산지도(birth.korea.go.kr) 홈페이지 문
연다」, 2016. 12. 28.

33 한수웅『헌법학』, 제11판, 법문사 2021, 1079면.

34 같은 책 1080~88면.

35 최지은『엄마는 되지 않기로 했습니다』, 한겨레출판 2020, 119, 190면.

36 이민아 「계획적 무자녀 가족: 한국 사회에서 아이 갖기의 의미와 가족주의의
역설」,『한국사회학』 47집 2호, 2013, 154~70면 참조.

37 대한민국정부『제3차 저출산·고령사회 기본계획(2016~2020)』, 2015,
13~17면; 관계부처합동『제4차 저출산·고령사회 기본계획』, 2020, 20면.

38 송효진 외『개인화 시대, 미래 가족 변화에 대응하는 포용적 법제 구축방안』,
한국여성정책연구원 2021, 186면. 본문 7장에서 조금 더 자세한 내용을 다룬다.

39 합계출산율은 OECD, "Fertility rates"(indicator), https://doi.org/10.1787/8272fb01–
en (2023. 6. 28. 방문), 혼외출생율은 OECD Family Database, "Fertility indicators:
SF2.4 Share of births outside of marriage" 참조.

40 KBS 시청자센터, 시청자청원, https://petitions.kbs.co.kr/section/ptt/petitions.
html (2023. 4. 23. 방문).

41 「"비혼 출산 부추겨" 사유리 '슈돌' 출연 반대 靑청원 갑론을박」,『한국일보』
2021. 3. 28.

3장 초대받지 않은 탄생, 허락받지 못한 출산

1 「"생식능력 제거 수술 없어도 성별 정정 가능" … 법원 첫 허가」,『연합뉴스』
2021. 10. 22.

2 '성전환자의 성별정정허가신청사건 등 사무처리지침'(2020년 2월 21일 가족
관계등록예규 제550호로 개정된 것) 제6조 제4호.

3 수원가정법원 2021. 10. 13. 자 2020브202 결정.

4 ILGA-Europe, Rainbow Europe, https://rainbow-europe.org/#0/8701/0
(2023. 6. 28. 방문)에서 제공한 자료를 토대로 산출한 수치이다. 성별인정 절
차를 마련한 국가로는 성별인정에 관한 법적 수단이 있거나 행정 절차가 있는
경우를 포함하였다.

5 European Court of Human Rights, A.P., Garçon and Nicot v. France, App Nos.
79885/12, 52471/13 & 52596/13 (2017. 4. 6.) 123, 131~35문단; 김지혜
외 『성소수자 차별 관련 해외 입법동향 및 사례연구』, 국가인권위원회 2021,
303~304면.

6 같은 책 296면; Steering Committee on Anti-Discrimination, Diversity and
Inclusion (CDADI), "Thematic Report on Legal Gender Recognition in
Europe," Council of Europe 2022, 20, 23~27면.

7 C. L. Quinan, "Rise of X: Governments eye new approaches for trans and
nonbinary travelers," *Migration Information Source*, 2022. 8. 17, https://www.
migrationpolicy.org/article/x-marker-trans-nonbinary-travelers;「칠레, '제
3의 성' 신분증 발급 … 남성 여성 아닌 '논바이너리' 'X'성」, 『한겨레』 2022.
10. 17; 김지혜 외, 앞의 책 292면; CDADI, 앞의 글 35~36면; 홍성수 외 『트랜
스젠더 혐오차별 실태조사』, 국가인권위원회 2020, 27~29면.

8 대법원 2005. 11. 16.자 2005스26 결정("성명권은 헌법상의 행복추구권과 인
격권의 한 내용을 이루는 것이어서 자기결정권의 대상이 되는 것이므로 본인
의 주관적인 의사가 중시되어야 하는 것이다").

9 당시 '혼혈인' '혼혈아'라는 용어는 '피가 섞인 사람'의 의미로서 '순혈' 한국
인과 구분하려는 인종·민족주의적 관념에서 사용되었다. 다중의 민족적 출신
배경을 가진 사람을 지칭하는 용어를 개선하기 위해 이후 '다문화'라는 용어

가 정책적으로 도입되었으나, 이 역시 한국인을 포함한 문화적 다양성을 의미하기보다는 외국인 여성과 한국인 남성이 결혼이민을 통해 가족을 형성한 특정한 가족 형태를 전형화하여 지칭하는 의미로 사용되어 비판을 받는다. 근본적으로 인종·민족을 기준으로 사람을 구분하여 지칭하는 행위 자체가 인종·민족주의적 관념을 내재하게 되는 한계를 인식하며, 이 글에서는 다른 대안을 찾지 못한 채 한국전쟁 후 인종·민족적 혈통을 이유로 차별을 당한 사람들을 지칭하는 용어로서 '혼혈인' '혼혈아동'을 그대로 사용한다.

10 「전국에 4만 성년 혼혈아의 고민」, 『조선일보』 1966. 4. 28.

11 「혼혈아의 미국입양 서둘러」, 『동아일보』 1961. 6. 16.

12 「전국에 4만 성년 혼혈아의 고민」, 『조선일보』 1966. 4. 28.

13 구 국적법(1948년 12월 20일 법률 제16호로 제정되고, 1997년 12월 13일 법률 제5431호로 개정되기 전의 것) 제2조 제3호("부가 분명하지 아니한 때 또는 국적이 없는 때에는 모가 대한민국의 국민인 자"는 대한민국의 국민이라고 규정함); 아리사 H. 오 『왜 그 아이들은 한국을 떠나지 않을 수 없었나』, 이은진 옮김, 뿌리의집 2019, 89면; 김아람 「1950년대 혼혈인에 대한 인식과 해외 입양」, 『역사문제연구』 22호, 2009, 51~52면.

14 1948년 12월 20일 제정된 국적법 제2조 제1호에서 "출생한 당시에 부가 대한민국의 국민인 자"를 대한민국의 국민이라고 한 것에서, 1997년 12월 13일 개정되고 1998년 6월 14일 시행된 국적법 제2조 제1항 제1호는 "출생한 당시에 부 또는 모가 대한민국의 국민인 자"는 출생과 동시에 대한민국의 국적을 취득한다고 하였다.

15 「2005년 폐지 때까지 세계 유일했던 '호주제'」, '기록으로 만나는 대한민국,' 행정안전부 국가기록원, https://theme.archives.go.kr/next/koreaOfRecord/abolishPatri.do (2023. 4. 24. 방문).

16 김아람, 앞의 글 51~52면.

17 「천여명 혼혈아 중 일백여명이 취학」, 『조선일보』 1959. 3. 17.

18 아리사 H. 오, 앞의 책 191~97면.

19 1948년 7월 17일 제헌국회가 공포한 제헌헌법 제20조는 "혼인은 남녀동권
    을 기본으로 하며 혼인의 순결과 가족의 건강은 국가의 특별한 보호를 받는
    다"라고 규정하였다. 그러다 1963년 개정 헌법에서 '혼인은 남녀동권을 기본
    으로' 한다는 내용을 삭제하고 "모든 국민은 혼인의 순결과 보건에 관하여 국
    가의 보호를 받는다"고 정하였다. 이후 1980년 개정 헌법에서 "혼인과 가족생
    활은 개인의 존엄과 양성의 평등을 기초로 성립되고 유지되어야 한다"고 하
    여 존엄과 평등의 가치를 포함했다. 1987년 개정된 현행 헌법 제36조 제1항은
    "혼인과 가족생활은 개인의 존엄과 양성의 평등을 기초로 성립되고 유지되어
    야 하며, 국가는 이를 보장한다"고 하여, 국가의 보장의무를 명시하고 있다.

20 양현아 『한국 가족법 읽기』, 창비 2011, 248면.

21 같은 책 309~10면.

22 김아람, 앞의 글 41~47면; 아리사 H. 오, 앞의 책 86~91, 192~204면.

23 「일민주의(一民主義)」, 『한국민족문화대백과사전』, 한국학중앙연구원,
    https://encykorea.aks.ac.kr/Article/E0047190 (2023. 4. 26. 방문).

24 1948년 12월 20일 제정된 구 국적법 제3조 제1호에서 외국인으로서 '대한
    민국의 국민의 처가 된 자'는 대한민국 국적을 취득한다고 정하였고, 1962년
    11월 21일 개정된 법에서 동일한 조항을 유지하면서 "국적이 없거나 대한민
    국의 국적을 취득함으로 인하여 6월 내에 그 국적을 상실하게 되는 외국인"이
    라는 요건을 추가했다. 이후 1997년 12월 13일 개정된 법(1998. 6. 14. 시행)
    에서 해당 조항을 삭제하고, 대한민국 국민과 혼인한 외국인 남녀 모두 동일
    하게 국내 2년 이상의 거주 요건을 두고 간이귀화를 할 수 있도록 개정하였다.

25 아리사 H. 오, 앞의 책 278~79면.

26 2012년 시행된 '입양특례법'은 과거의 '입양 촉진 및 절차에 관한 특례법'
    에서 '촉진'을 삭제하여 법률명을 변경하고 종전에 입양절차가 사적 기관에
    의해 이루어지던 것에서 가정법원의 허가를 거치도록 하는 등 중요한 개정이

있었으며, 이러한 변화에 따라 해외입양 아동의 숫자가 감소했다. 통계자료는 다음의 자료를 참조했다. 보건복지부 '국가별 국외입양현황(1958~2015),' 아동권리보장원(구 중앙입양원), https://www.kadoption.or.kr/board/board_view.jsp?no=193&listSize=10&pageNo=2&bcode=06_1&category=%ED%86%B5%EA%B3%84 (2023. 4. 26. 방문); 보건복지부 사전정보공표 '국내외 입양현황', https://www.mohw.go.kr/react/gm/sgm0704ls.jsp?PAR_MENU_ID=13&MENU_ID=1304081003&PAR_CONT_SEQ=356055 (2016년부터 2021년까지 연도별 국내외 입양현황 자료 다운로드).

27 전홍기혜 「"그들은 죽지도 않은 자식을 가슴에 묻었다"」, 『프레시안』 2017. 11. 21; 김호수 「해외입양과 미혼모, 그리고 한국의 정상가족」, 『비마이너』 2019. 5. 2.

28 피터 묄러 「입양인들이 찾아낸 해외입양의 10가지 사실」, 『프레시안』 2022. 12. 2; 「해외 입양: 입양인들은 언제쯤 진실을 마주할 수 있을까?」, 『BBC NEWS 코리아』 2022. 12. 27. 프레시안은 진실·화해를위한과거사정리위원회에 조사를 신청한 해외입양인들의 이야기를 연재하고 있다. 「372명 해외입양인들의 진실 찾기」, https://www.pressian.com/pages/serials/11901004000000000027 (2023. 4. 26. 방문).

29 진실·화해를위한과거사정리위원회 「(보도자료) 해외 입양 과정 인권침해 사건 34건 조사개시 결정」, 2022. 12. 8.

30 김호연 외 『장애인 모·부성권 증진을 위한 실태조사』, 국가인권위원회 2018, 52면.

31 유엔장애인권리협약 제23조 제1항; '장애인차별금지 및 권리구제 등에 관한 법률' 제28조 제1항 참조.

32 김호연 외, 앞의 책 52면. 해당 항목은 "국가와 사회는 장애인의 모·부성권 보장을 위해 임신, 출산, 양육을 지원해주어야 한다"이다.

33 전미경 『근대계몽기 가족론과 국민 생산 프로젝트』, 소명출판 2005,

40~44면.

34 앤 커·톰 셰익스피어 『장애와 유전자 정치: 우생학에서 인간게놈프로젝트까지』, 김도현 옮김, 그린비 2021, 61~62, 77, 131~44면.

35 같은 책 77~81, 86~88면.

36 신영전 「식민지 조선에서 우생운동의 전개와 성격: 1930년대 『우생(優生)』을 중심으로」, 『의사학』 15권 2호, 2006, 134면.

37 김재형 『질병, 낙인: 무균사회와 한센인의 강제격리』, 돌베개 2021, 134~42, 209~14, 248~57면; 「한센인 눈물 닦아준 대법원 … 단종·낙태 국가책임 첫 확정 판결」, 『한겨레』 2017. 2. 15.

38 김홍신 「장애인 불법강제 불임수술 실태와 대책에 관한 조사보고서」, 1999. 8. 19.

39 구 모자보건법 제9조(1973년 2월 8일 법률 제2514호로 제정된 것. 이후 1986년 5월 10일 법률 제3824호 개정으로 절차의 일부 수정을 포함해 제15조로 이동하였으며, 1999년 2월 8일 법률 제5859호로 최종 폐기됨)에 따르면, "의사가 환자를 진단한 결과 대통령령으로 정하는 질환에 이환된 것을 확인하고 그 질환의 유전 또는 전염을 방지하기 위하여 그 자에 대하여 불임수술을 행하는 것이 공익상 필요하다고 인정할 때" 소정의 절차를 거쳐 보건사회부 장관이 환자에게 불임수술을 받도록 명령할 수 있었다. 당시 시행령에서는 불임수술을 명령할 수 있는 대상 질환으로서, ① 유전성 정신분열증, ② 유전성 조울증, ③ 유전성 간질증, ④ 유전성 정신박약, ⑤ 유전성 운동신경 원질환, ⑥ 혈우병, ⑦ 현저한 유전성 범죄 경향이 있는 정신장애, ⑧ 기타 유전성 질환으로 그 질환이 태아에 미치는 발생 빈도가 10퍼센트 이상의 위험성이 있는 질환 등을 정하였다.

40 제정 당시 모자보건법 제1조는 "이 법은 모성의 생명과 건강을 보호하고 건전한 자녀의 출산과 양육을 도모함으로써 국민의 보건 향상에 기여하게 함을 목적으로 한다"라고 하였다. 현행법에서는 "이 법은 모성 및 영유아의 생명

과 건강을 보호하고 건전한 자녀의 출산과 양육을 도모함으로써 국민보건 향
상에 이바지함을 목적으로 한다"라고 하여 '영유아'가 추가된 것 외에는 거의
변함이 없다.

41 「건전하다」, 『표준국어대사전』; 소현숙 「우생학의 재림과 '정상/비정상'
    의 폭력: 가족계획사업과 장애인 강제불임수술」, 『역사비평』 132호, 2020,
    268~71면.

42 국가인권위원회 「유엔 장애인권리협약 제2·3차 국가보고서(안)에 대한 의
    견표명」, 2019. 2. 25.

43 「"장애인들 결혼하고 잘 사는 건 꿈같은 얘기 … 출산, 말릴 수밖에"」, 『서울
    신문』 2019. 4. 18; 나영정 「장애여성이 재생산권리를 쟁취한다는 것」, 장애여
    성공감, 2015. 8. 25, https://wde.or.kr/장애여성이-재생산권리를-쟁취한다
    는-것 (2023. 4. 28. 방문).

44 "The Nuremberg Race Laws," Holocaust Encyclopedia, https://encyclopedia.
    ushmm.org/content/en/article/the-nuremberg-race-laws (2023. 4. 28. 방문).

45 "Eugenics Legislation," Center for the History of Medicine at Countway
    Library, https://collections.countway.harvard.edu/onview/exhibits/show/
    galtonschildren/eugenics-legislation (2023. 4. 28. 방문).

46 Bárbara C. Cruz and Michael J. Berson, "The American Melting Pot?
    Miscegenation Laws in the United States," *OAH Magazine of History* 15(4),
    2001, 80~82면; Walter Wadlington, "The *Loving* Case: Virginia's Anti-
    Miscegenation Statute in Historical Perspective," *Virginia Law Review* 52(7),
    1966, 1191~92면.

47 1890년 인구통계를 기준으로 인구구성 비율에 따라서 이민을 허용함으
    로써, 이후에 유입된 이민자를 배척하였다. 관련하여 본문의 내용은 Rachel
    Silber, "Eugenics, Family & Immigration Law in the 1920's," *Georgetown
    Immigration Law Journal* 11(4), 1997, 884~88, 893면; "The Immigration

Act of 1924 (The Johnson-Reed Act)," Office of the Historian, Foreign Service Institute United States Department of State, https://history.state.gov/milestones/1921~1936/immigration-act (2023. 4. 28. 방문) 등 참조.

48 김지혜 「가족이민제도의 계층적 구조와 이주노동자의 가족결합권 제한 비판」, 『법제연구』 58호, 2020, 8~10, 18~24면.

49 한편, 모든 이주민의 가족에 대해 체류자격을 인정하는 것만으로 제도적인 문제가 완전히 해소되는 것은 아니다. 가족 관련 체류자격 제도는 국가가 체류자격을 인정하는 사람(주 체류자격자)이 있고 그의 배우자와 미성년 자녀 등 다른 가족구성원에 대해 동반이 가능한 체류자격을 인정하는 방식으로 설계되어 있다. 즉, 주 체류자격자에 따라 나머지 가족의 체류자격이 결정되는 구조다. 이런 구조로 인해 가족 내에 종속적인 관계가 형성되고, 종속된 가족구성원이 가정폭력과 아동학대 등에 취약해지는 문제가 있다. 관련 논의로, 권영실 외 「이주여성 및 이주아동에 대한 가정폭력 실태조사 및 제도개선 방안 연구: 외국국적 가족 내 폭력 경험을 중심으로」, 이주여성 및 이주아동에 대한 가정폭력 실태조사 및 제도개선 방안 연구 보고대회 자료집, 2023. 4. 27, 47~55면 참조.

50 「성과 재생산 권리 바로 알기: 인권을 위한 프레임워크」(한국어본), 국제앰네스티 2012, 18면. 국제앰네스티에서 제공한 번역본을 원본과 대조하여 일부 자구를 수정한 것이다. 원본은 UN Population Fund (UNFPA), "Report of the International Conference on Population and Development: Cairo, 5-13 September 1994," United Nations, New York 1995, A/CONF.171/13/Rev.1, 7.3문단.

51 김도현 「산전 검사와 선별적 낙태」, 『비마이너』 2015. 8. 3.

52 대법원 2017. 2. 15. 선고 2014다230535 판결.

53 "Swedish Parliament to pay compensation for forced sterilisation of trans people," ILGA Europe, 2018. 3. 22.

54 Government offers apologies for old Transgender Act, Government of the Netherlands, 2020. 11. 30, https://www.government.nl/latest/news/2020/11/30/government-offers-apologies-for-old-transgender-act (2023. 4. 28. 방문); Karolin Schaps, "Netherlands to compensate trans victims of forced sterilisation," Reuters, 2020. 12. 2.

4장 역할은 성별에 따라 평등하게?

1 당시 법에서 수전과 태미가 모자관계인 상태에서 헬렌이 태미를 입양해 모자관계를 형성하면, 기존의 모자관계가 해소되고 새로운 모자관계만 인정된다고 해석될 여지가 있었다. 이 사건에서 수전과 태미는 공동으로 태미의 엄마로서 인정받기를 원했으므로 공동입양을 신청했던 것이다. 두 사람이 처음 가정법원에 입양을 신청한 것은 1990년 12월이지만, 본문에서는 주대법원의 판결을 이해하기 위해 이 판단이 내려진 1993년을 기준으로 사실관계를 기술하였다.

2 "Adoption of Tammy," 619 N.E.2d 315, 416 Mass. 205 (1993); 김지혜 외 『성소수자 차별 관련 해외 입법동향 및 사례연구』, 국가인권위원회 2021, 434~35면.

3 Gary S. Becker, *A Treatise on the Family*, Enlarged Edition, Harvard University Press 1991, 3~4, 30~79면(초판은 1981년 발간).

4 여성가족부 「2021년 양성평등 실태조사 주요 결과 요약」, 2022, 1~2면. 참고로, 해당 질문에 대한 동의는 30대(여성 15.1퍼센트, 남성 30.0퍼센트), 40대(여성 18.4퍼센트, 남성 37.2퍼센트), 50대(여성 22.4퍼센트, 남성 40.0퍼센트)까지 성별에 따른 차이가 크고, 60대(여성 40.0퍼센트, 남성 47.5퍼센트)는 그 차이가 크지 않았다.

5 통계청 「2000~2010년 혼인상태생명표」, 2013, 2~3, 6~7면.

6 KOSIS, 기대수명, 통계청, https://kosis.kr/statHtml/statHtml. do?orgId=101andtblId=DT_2KAA209 (2023. 4. 29. 방문). 기대수명이란 "특정 연도의 0세 출생자가 앞으로 생존할 것으로 기대되는 평균 생존연수, 즉 0세에서의 기대여명"을 말한다.

7 A. L. Bowley, "Earners and Dependants in English Towns in 1911," *Economica* 2, 1921, 106면; Hilary Land, "The Family Wage," *Feminist Review* 6, 1980, 60~61면.

8 김의환이 17~18세기의 평산 신씨 가문의 노비 가족을 조사한 결과, 424개 가족 중 1인 가족이 53.3퍼센트로 절반 이상이었고 부모와 미성년 자녀로 구성된 가족은 20.3퍼센트에 불과했다. 김의환 「진천 평산 신씨 노비 가족의 존재양상: 노비의 결혼과 가계 계승을 중심으로」, 『고문서연구』 52집, 2018, 333~34, 337면.

9 장경섭 『내일의 종언(終焉)?: 가족자유주의와 사회재생산 위기』, 집문당 2018, 50~51면.

10 최선영·장경섭 「압축산업화 시대 노동계급가족 가부장제의 물질적 모순: '남성생계부양자' 노동생애 불안정성의 가족 전이」, 『한국사회학』 46집 2호, 2012, 214~25면. 신경아의 연구에 따르면 외환위기 전인 1993년에도 남성 가장의 소득이 가구소득의 대부분(90퍼센트 이상)을 차지하는 가구가 54.6퍼센트로 절반 수준이었다. 이 수치가 2003년 34.2퍼센트로 줄었고 이후 다소 증가한 것이 2013년 46.1퍼센트로 나타난다. 신경아 「신자유주의시대 남성생계부양자의식의 균열과 젠더관계의 변화」, 『한국여성학』 30권 4호, 2014, 166면.

11 박혜경 「경제위기시 가족주의 담론의 재구성과 성평등 담론의 한계」, 『한국여성학』 27권 3호, 2011, 89~93면.

12 배은경 「'경제 위기'와 한국 여성: 여성의 생애전망과 젠더/계급의 교차」,

『페미니즘 연구』 9권 2호, 2009, 53~65면.

13 한국은행 「(보도자료) 고액권 도안인물 선정」, 2007. 11. 5, 6면.

14 「여성계 "5만원권 신사임당 안 돼"… 반발 확산」, 『연합뉴스』 2007. 11. 7.

15 홍양희 「식민지시기 '현모양처'론과 '모더니티' 문제」, 『사학연구』 99호, 2010, 309~10, 314면.

16 조규희 「만들어진 명작: 신사임당과 초충도(草蟲圖)」, 『미술사와 시각문화』 12호, 2013, 60, 65~67면; 이숙인 「그런 신사임당은 없었다: 권력과 젠더의 변주」, 『철학과 현실』 81호, 2009, 139, 146~48면.

17 홍양희 「'현모양처'의 상징, 신사임당: 식민지시기 신사임당의 재현과 젠더 정치학」, 『사학연구』 122호, 2016, 160~75면; 윤소영 「근대국가 형성기 한·일의 '현모양처'론: 그 공통점과 차이점을 중심으로」, 『한국민족운동사연구』 44집, 2005, 77~80, 111~16면

18 「정부에서 학교를 지어 인민을 교육하는 것이 정부에 제일 소중한 직무요」 (번역문), 『독립신문』 1896. 5. 12.

19 홍양희 「식민지시기 '현모양처'론과 '모더니티' 문제」 303~307면.

20 김재인 외 『한국 여성교육의 변천과정 연구』, 한국여성개발원 2000, 51~54면

21 「서당(書堂)」, 『한국민족문화대백과사전』, 한국학중앙연구원, https:// encykorea.aks.ac.kr/Article/E0027680 (2023. 4. 30. 방문); 김재인 외, 앞의 책 131면.

22 같은 책 87~95, 117~27, 140~47면.

23 권오헌 「유신체제의 신사임당 기념과 현모양처 만들기」, *Journal of Korean Culture* 35, 2016, 80~83면.

24 같은 글 68~69, 77면.

25 같은 글 73~77면; 김수진 「전통의 창안과 여성의 국민화: 신사임당을 중심으로」, 『사회와역사』 80집, 2008, 219~20, 234면; 사임당교육원, 연혁, https://

saimdang.gwe.go.kr/sub/info.do?m=0109ands=saimdang (2023. 4. 30. 방문).

26 '강원특별자치도 신사임당상 조례' 제1조.

27 「일부 여중·여고 교훈 '성차별' 논란」, 『파이낸셜뉴스』 2017. 8. 28; 「 '순결' '
꽃답게' … 시대에 뒤떨어진 '교훈'」, MBC, 2019. 12. 15.

28 「학생들 손으로 성차별적 '교가' 고쳤다」, 『부산일보』 2019. 7. 25.

29 「여학교」(번역문), 『독립신문』 1898. 9 .9. 번역본을 기초로 일부 용어를 현대
화했다.

30 「여학생 대학 진학률 높은 이유는?」, YTN, 2021. 7. 22; 「女 대학 진학률, 男
보다 4.8%p 높았다」, 『매일경제』 2021. 7. 22.

31 UNDP, "Gender Inequality Index (GII)," https://hdr.undp.org/data-center/
thematic-composite-indices/gender-inequality-index#/ (2023. 5. 2. 방문)

32 World Economic Forum, *Global Gender Gap Report 2022: Insight Report*, 2022,
216~17면

33 OECD, "Gender wage gap" (indicator), https://data.oecd.org/chart/786h
(2023. 6. 30. 방문). OECD의 성별임금격차는 중위소득을 기준으로 하며, 해
당 수치는 2018년부터 2022년 사이에 각국에서 집계된 통계 중 가장 최근의
자료를 기준으로 한 것이다. 참고로, OECD 평균은 2021년 기준 11.9퍼센트
이다.

34 '저임금노동자'란 "전체 근로자 중위임금의 2/3 미만자"로 정의된다. 본문
에서 언급한 통계와 관련 논의는, 여성가족부 「2022 통계로 보는 남녀의 삶」,
2021, 19, 22~23, 33~34면; 김난주 「한국의 성별임금격차 현황 및 과제」, 『제
19차 젠더와 입법포럼 성별임금격차 해소 전략 방안 모색 국제컨퍼런스: 스위
스, 벨기에, 일본의 경험과 시사점』, 한국여성정책연구원 2017, 188~92면; 조
수철·김영미 「한국 노동시장 내 직종의 여성화와 성별 임금격차: 가치절하 기
제의 성별화된 임금효과」, 『산업노동연구』 26권 3호, 2020, 298~300면 참조.

35 메리 브린턴과 이동주가 분류한 성별분업 이념의 네가지 유형 가운데, 여성

232

의 가사 책임을 고수하면서도 여성의 유급노동에 우호적인 '노동우호적 보수이념' 유형에 해당한다. 참고로 나머지 세가지 유형은, 남녀가 각기 임금노동과 가사노동을 전담하는 '전통이념', 남녀 모두 임금노동과 가사노동에 참여하는 '완전한 평등이념', 성역할에서 벗어나 유연한 역할을 추구하는 '유연한 평등이념' 등이다. Mary C. Brinton and Dong-Ju Lee, "Gender-role ideology, labor market institutions, and post-industrial fertility," *Population and Development Review* 42(3), 2016, 418~21, 424면.

36 Bruno Arpino, Gøsta Esping-Andersen and Léa Pessin, "How do changes in gender role attitudes towards female employment influence fertility? A macro-level analysis," *European Sociological Review* 31(3), 2015, 370~82면.

37 여성가족부「2021년 양성평등 실태조사 주요 결과 요약」, 2022, 3, 7~8면.

38 Eva Jaspers and Ellen Verbakel, "The division of paid labor in same-sex couples in the Netherlands," *Sex Roles* 68(5), 2013, 339~44면.

5장 가족각본을 배우는 성교육

1 「십삼세 산모 평양에서 생긴 일」, 『동아일보』 1933. 8. 27;「십삼세 산모의 남편은 현직 경관으로 판명」, 『동아일보』 1933. 8. 27.

2 「퇴패한 최근의 풍조와 "성교육" 실현설 대두」, 『동아일보』 1933. 8. 30.

3 「학교와 가정서 성교육을 시키라」, 『조선일보』 1933. 9. 2.

4 「몸을 항상 단속하시오」, 『조선일보』 1933. 9. 2.

5 「부모가 따님을 항상 살피라」, 『조선일보』 1933. 9. 2.

6 「중·고생에 성교육」, 『경향신문』 1968. 7. 9.

7 「중고생 성교육」, 『동아일보』 1968. 7. 11.

8 김대현「1950~60년대 성교육 담론의 재구성」, 『학림』 48집, 2021, 562면.

9 Anna Clark, *Desire: A History of European Sexuality*, 2nd Edition, Routledge 2019, 10면.

10 Valerie J. Huber and Michael W. Firmin. "A history of sex education in the United States since 1900," *International Journal of Educational Reform* 23(1), 2014, 35~44면; Kristin Luker, *When Sex Goes to School: Warring Views on Sex — And Sex Education — Since the Sixties*, W. W. Norton and Company 2007, 62~65, 85~87면.

11 Jonathan Zimmerman, *Too Hot to Handle*, Princeton University Press 2015, 65~67면.

12 같은 책 67~69, 87~90면

13 안지혜「'n번방' 대한민국에 어떤 성교육책이 필요할까?: 여성가족부 '나다움 어린이책 추천도서' 회수 사태를 우려하며」, 『일다』 2020. 9. 6; 페르 홀름 크누센『아기는 어떻게 태어날까?』, 정주혜 옮김, 담푸스 2017; 페르닐라 스탈펠트『자꾸 마음이 끌린다면』, 이미옥 옮김, 시금치 2016.

14 「'성지식' 담긴 해외 우수도서들이 선정적? 여가부 선정도서 놓고 와글와글」, 『경향신문』 2020. 8. 26;「성교육 책 논란되자 회수한 여가부 … 여성단체 "존재 이유 망각"」, KBS, 2020. 8. 31.

15 관련 기사로「탈선 10대를 막자 下: 성범죄·풍속사범」, 『경향신문』 1975. 8. 25;「건전하고 자연스럽게」, 『경향신문』 1977. 5. 16;「순결교육 강화 중·고교에 지시」, 『매일경제』 1978. 8. 12;「'성교육 지침서' 마련」, 『동아일보』 1982. 1. 11;「10대 임신 많아졌다」, 『조선일보』 1982. 4. 22. 등 참조.

16 조은주『가족과 통치』, 창비 2018, 175~217면.

17 관련한 현장 논의로, 김수진 외『포괄적 성교육』, 성평등교육활동가 모임 모들 기획, 학이시습 2022 참조.

18 교육부「학교 성교육 표준안」, 2015, 5~19면; 교육부『초등학교 성교육 교수·학습 과정안: 저학년용』, 62~66면, '4차시 남녀의 생활'; 교육부『중학교

성교육 교수·학습 과정안』, 112~15면, '14차시 남녀의 성 인식 차이의 이해'; 교육부『고등학교 성교육 교수·학습 과정안』, 90, 140면, '9차시 성에 대한 올바른 가치관, 18차시 건전한 성생활의 조건'. 이상의 학년별 성교육 교수·학습 과정안은 충청북도교육청이 2017년 5월 홈페이지에 공개한 것을 다운로드한 자료로, 2005년 발표된 초안에서 수정된 것으로 보이나 해당 자료에 정확한 발간연도가 기록되어 있지 않다.

19 『화성에서 온 남자 금성에서 온 여자』(존 그레이 지음, 김경숙 옮김, 동녘라이프 2021)는 1992년 발간된 책으로 50여개 언어로 번역되어 150개국에서 5천만부 이상 판매되었고 한국에서도 1993년 처음 번역 출간된 이래 1백만부 이상 판매된 베스트셀러(출판사 제공 책소개 참조). 이 책은 저자의 경험을 바탕으로 한 자기계발서로서 부부의 상호존중을 독려하지만, 성별 차이를 단순화하고 극단화하며 전형적인 성역할을 전제로 한 성별본질주의적인 접근이라고 비판받았다. 2015년 교육부가 발표한 「학교 성교육 표준안」에서는 이 책의 줄거리를 소개하면서, 남성은 능력 인정을 원하고 여성은 보살피려고 한다는 통념을 고정화하여 문제되었다. 비판이 제기되자 이후 고등학교 성교육 자료에서는 관련 내용을 삭제한 것으로 보이나, 중학교 과정에서는 '14차시 남녀의 성 인식 차이의 이해'를 다루면서 여전히 이 책을 동기유발 자료로 사용하는 것으로 나타난다. 관련 자료로, (사)한국성폭력상담소·(사)한국여성의전화「교육부 '학교 성교육 표준안'에 대한 의견서」, 2015; Toni Schindler Zimmerman, Shelley A. Haddock, and Christine R. McGeorge, "Mars and Venus: Unequal planet," *Journal of Marital and Family Therapy* 27(1), 2001 참조.

20 조영주 외『청소년 성교육 수요조사 연구: 중학생을 중심으로』, 한국여성정책연구원 2018, 65~69, 103~104면. 설문에서는 용어에 대한 부연설명을 추가해, 성 정체성(성별정체성)에 관해 "자신이 성적으로 누구인지(여성, 남성, 다른 성)에 대해 고민해본 적이 있나요?"라고 질문하고, 성적지향에 관해 "자신

이 성적으로 어떤 성(여성, 남성, 다른 성)에게 끌리는지에 대해 고민해본 적
이 있나요?"라고 질문하였다.

21 교육부·질병관리청 『제17차(2021년) 청소년건강행태조사 통계』, 2022,
    177, 179면.

22 '유초중등 학교급별 개황 (2021년 4월 1일 기준)', 한국교육개발원 교육통계
    서비스, https://kess.kedi.re.kr/stats/school?menuCd=0101andcd=5443&survS
    eq=2021&itemCode=01&menuId=m_010102&uppCd1=010102&uppCd2=0
    10102&flag=B (2023. 5. 4. 방문).

23 임금옥·서미아 「십대 청소년의 인공 임신 중절 경험에 관한 내러티브 탐구」,
    『상담학연구』 22권 2호, 2021, 121면.

24 「"나 임신했어" 이 말에 쫓겨나 모텔 전전 … '고딩엄빠' 생존기 〔밀실〕」, 『중
    앙일보』 2022. 8. 16; 은주희·임고운 『2019 청소년부모 생활실태 조사 및 개선
    방안 연구』, 아름다운재단·한국미혼모지원네트워크 2019, 50~51, 72~73면;
    정해숙·최윤정·최자은 『학생 미혼모 학습권 보장 방안』, 한국여성정책연구원
    2014, 70면.

25 장서연 외 『성적지향·성별정체성에 따른 차별 실태조사』, 국가인권위원회
    2014, 16면.

26 성소수자부모모임 『커밍아웃 스토리: 성소수자와 그 부모들의 이야기』, 한
    티재 2018, 260, 274면; 청소년성소수자위기지원센터 띵동 『청소년 성소수자
    의 탈가정 고민과 경험 기초조사 보고서』, 2021 참조.

27 "Working towards the elimination of crimes against women committed in the
    name of honour: Report of the Secretary-General," United Nations General
    Assembly, UN Doc. A/57/169, 2002; Mark Cooney, *Execution by Family: A
    Theory of Honor Violence*, Routledge 2019, 3~11면.

28 유엔총회는 '명예라는 이름으로 자행되는 여성 대상 범죄 근절을 위
    한 노력'(Working towards the elimination of crimes against women 〔and

girls) committed in the name of honour)이란 제목의 결의문을 2000년(A/RES/55/66), 2002년(A/RES/57/179), 2004년(A/RES/59/165)에 채택하였다. https://evaw-un-inventory.unwomen.org/en/intl-policy-framework/general-assembly-of-the-united-nations#nohonour (2023. 5. 4. 방문).

29 David Tokiharu Mayeda and Raagini Vijaykumar, "A Review of the Literature on Honor-based Violence," *Sociology Compass* 10(5), 2016, 354~58면.

30 Joanne Payton, *Honor and the Political Economy of Marriage: Violence Against Women in the Kurdistan Region of Iraq*, Rutgers University Press 2019, 17~34면.

31 같은 책 9~10, 32~34면; Mark Cooney, "Death by family: Honor violence as punishment," *Punishment & Society* 16(4), 2014.

32 Mark Cooney, 앞의 책 12~13면.

33 조영주 외, 앞의 책 106~109면. 자신이 성소수자라는 생각이 들었을 때 '그런 생각을 없애기 위해 노력한다' 또는 '숨긴다'는 반응은 남학생(각각 35.4퍼센트, 24.0퍼센트)이 여학생(각각 21.9퍼센트, 21.6퍼센트)보다 많았고, '부모님에게 의논한다'는 반응은 남학생(21.1퍼센트)이 여학생(32.3퍼센트)보다 적었다. 성소수자임을 밝힌 친구에 대해 '거리를 둔다' 또는 '절교한다'는 부정적 반응은, 남학생(각각 13.9퍼센트, 7.9퍼센트)이 여학생(각각 7.5퍼센트, 1.2퍼센트)보다 많았다.

34 「"여학생 바지 입으려면 교장이 허락해야" 시대착오적 학생규정들」, 『연합뉴스』 2021. 12. 8.

35 「등 돌린 가족·학교, 출산 뒤엔 생활고 … "이 굴레 대물림 두려워"」, 『서울신문』 2019. 5. 12; 은주희·임고운, 앞의 책 25, 73면; 정해숙·최윤정·최자은, 앞의 책 75~79면.

36 김현수 외 『학교생활에서 학생의 인권보장 실태조사』, 국가인권위원회 2016, 162면.

37 장서연 외, 앞의 책 26~27면.

38 김현수 외, 앞의 책 91~93면. 두발의 길이나 모양의 제한 경험 53.4퍼센트 (중학생 54.6퍼센트, 고등학생 52.6퍼센트), 치마·바지의 길이나 폭 제한 경험 62.3퍼센트(중학생 70.3퍼센트, 고등학생 56.4퍼센트), 화장이나 미용·제품·기기의 반입 제한 경험 67.2퍼센트(중학생 75.4퍼센트, 고등학생 61.0퍼센트), 면티·양말 색깔 제한 경험 25.2퍼센트(중학생 25.9퍼센트, 고등학생 24.6퍼센트) 등이다.

39 「경남 학생 인권조례 공청회, 반대 측 방해로 아수라장」, 『뉴스앤조이』 2018. 11. 21; 「경남학생인권조례 또 무산 … 민주당 5명 중 2명도 "반대"」, 『한겨레』 2019. 6. 25.

40 「세계 첫 인성교육 의무화 … 정부·지자체서 예산 집행」, 『중앙일보』 2014. 12. 30.

41 인성교육진흥법 제1조, 제2조 제2호, 제10조.

42 유네스코 『2018 개정판: 국제 성교육 가이드』, 아하!서울시립청소년성문화 센터 옮김, 2018, 38, 43, 50면.

6장 가족각본은 불평등하다

1 통계청 「2021년 임금근로일자리 소득(보수) 결과」, 2023, 2면.

2 Marieka Klawitter, "Meta-analysis of the effects of sexual orientation on earnings," *Industrial Relations: A Journal of Economy and Society* 54(1), 2015.

3 Nick Drydakis, "Sexual Orientation and Earnings. A Meta-Analysis 2012–2020," IZA Institute of Labor Economics, June 2021.

4 이 차이에 대한 설명은 명확지 않다. 사회적으로 게이에 대한 차별이 더욱 크다는 의미일 수도 있고, 레즈비언이 이성애자 여성에 비해 일을 더 많이 한다는 뜻일 수도 있다. 파트너와의 관계를 생각한다면, 게이는 파트너가 남성이

므로 돈을 많이 벌어야 하는 부담이 적은 반면, 레즈비언은 파트너가 여성이
므로 상대의 임금을 기대하기보다 자신의 임금을 높이려는 행위를 더 많이 한
다고 추정해볼 수도 있다. Marieka Klawitter, 앞의 글 21~25면.

5 Maryam Dilmaghani, "Sexual orientation, labour earnings, and household
   income in Canada," *Journal of Labor Research* 39(1), 2018.

6 OECD, "Gender wage gap" (indicator), https://data.oecd.org/chart/786h
   (2023. 6. 30. 방문).

7 「2021 미혼 남녀 이상적 배우자상」, 듀오 휴먼라이프연구소, https://
   www.duo.co.kr/html/meetguide/research_list_view.asp?ct=human_
   research&idx=1715 (2023. 5. 6. 방문).

8 통계청 「2021년 혼인·이혼통계」, 2022, 1면.

9 「건강검진통계」, 국민건강보험공단, https://kosis.kr/statHtml/statHtml.
   do?orgId=350&tblId=DT_35007_N130&conn_path=I3 (2023. 5. 6. 방문).

10 통계청 「2021년 임금근로일자리 소득(보수) 결과」, 2023, 24면.

11 같은 글 23면.

12 신윤정·박신아 「배우자 간 학력 격차 변화와 결혼 선택: 출생코호트별 중심
    으로」, 『보건사회연구』 38권 4호, 2018, 440~44, 457~59면.

13 조성호 외 『청년세대의 결혼 및 출산 동향에 관한 조사 연구』, 한국보건사회
    연구원 2019, 223~24, 355~57면.

14 곽현주·최은영 「기혼여성의 경제활동참여에 영향을 미치는 요인: 가정과 노
    동시장의 성불평등 구조를 중심으로」, 『여성연구』 88호, 2015, 447~50면; 김
    영미·신광영 「기혼여성 노동시장의 양극화와 가구소득 불평등의 변화」, 『경
    제와사회』 77호, 2008, 91~95면.

15 최세림·강신혁 「효율적인 여성인력 활용을 위한 정책 제언」, 『월간 노동리
    뷰』 2022년 4월호 18면.

16 가족의 계층적 배경이 자녀에게 미치는 영향에 관한 연구로, 김영미 「계층

화된 젊음: 일, 가족형성에서 나타나는 청년기 기회불평등」, 『사회과학논집』 47집 2호, 2016; 노혜진 「부모의 교육적 동질혼에 따른 자녀 돌봄시간의 불평등」, 『사회복지정책』 41권 4호, 2014; 박경호 외 『교육격차 실태 종합분석』, 한국교육개발원 2017, 137~205면; 백경흔 「중산층의 장시간 보육 이탈로 인한 성평등 지연: 학습중심 모성과 아동기의 형성」, 『한국여성학』 33권 1호, 2017, 186~88면; 심한별 「사교육과 한국 중산층 주거지 근린의 구성」, 『공간과사회』 71호, 2020 등 참조.

17 조귀동 『세습 중산층 사회』, 생각의힘 2020; 이철승 『불평등의 세대』, 문학과지성사 2019; 대니엘 마코비츠 『엘리트 세습』, 서정아 옮김, 세종서적 2020; 리처드 리브스 『20 VS 80의 사회』, 김승진 옮김, 민음사 2019; 마이클 샌델 『공정하다는 착각』, 함규진 옮김, 와이즈베리 2020 등 참조.

18 '상속세 및 증여세법' 제46조 제5호는 비과세되는 증여재산으로 '교육비'를 언급하고 있지만, 이는 "『민법』상 부양의무자 상호 간의 교육비로서 통상 필요하다고 인정되는 금품"으로 해석된다(조세심판원 2018. 4. 30. 조심2018부0938 결정). 한편, 과세표준 50만원 미만이면 증여세를 부과하지 않는다('상속세 및 증여세법' 제55조 제2항).

19 '상속세 및 증여세법' 제46조(비과세되는 증여재산) 제5호.

20 증여재산 공제액은, 10년 동안의 누적 금액으로 증여자가 배우자면 6억원까지, 직계존속(부모, 조부모 등) 또는 직계비속(자녀, 손자녀 등)이면 5천만원까지, 그외 6촌 이내의 혈족과 4촌 이내의 인척이면 1천만원까지다('상속세 및 증여세법' 제53조).

21 민법 제826조(부부 간의 의무) 제1항, 제974조(부양의무), 제777조(친족의 범위); 이경희·윤부찬 『가족법』, 10정판, 법원사 2021, 323~27면 참조.

22 Anatole France, *The Red Lily*, 8th Edition, trans. by Winifred Stephens, Dod, Mead & Company 1923, 91면(원서 발간은 1894년).

23 준 카르본·나오미 칸 『결혼 시장』, 김하현 옮김, 시대의창 2016, 358면 참조.

24　세계인권선언 제22조 "모든 사람은 사회의 일원으로서 사회보장을 받을 권리를 가지며, 국가적 노력과 국제적 협력을 통하여, 그리고 각 국가의 조직과 자원에 따라서 자신의 존엄과 인격의 자유로운 발전에 불가결한 경제적, 사회적 및 문화적 권리들을 실현할 권리를 가진다."

25　M. A. Crowther, "Family responsibility and state responsibility in Britain before the Welfare State," *The Historical Journal* 25(1), 1982, 131~33면.

26　'국민기초생활 보장법' 제2조 제5호 및 제3조 제2항. 다만, 사망한 1촌의 직계혈족의 배우자는 제외한다고 하여, 예컨대 아들이 사망하면 그 배우자인 며느리는 부양의무자에서 제외된다.

27　「'1년 이내에 어머니와 연락했나요?' 질문 뒤 … 수급신청 불가 통보」, 『비마이너』 2022. 7. 11. 정부는 2021년 10월 생계급여 부양의무자 기준을 폐지한다고 발표했지만, 실제로는 부양의무자에 대한 소득·재산 기준을 완화한 것으로, 여전히 부양의무자의 소득 및 재산 상태를 조사하는 절차를 거친다. 또, 의료급여의 경우에는 종전과 마찬가지로 부양의무자 기준을 엄격하게 운영한다. 관련 절차에 관해, 보건복지부 『2023 국민기초생활보장 사업안내』, 2023, 175~229면 참조.

28　이와 관련하여, 장애여성공감 엮음 『시설사회: 시설화된 장소, 저항하는 몸들』, 와온 2020 참조.

29　황두영 『외롭지 않을 권리』, 시사IN북 2020, 172~73면; 「40년 동거한 여고 동창생의 비극적인 죽음(종합)」, 『연합뉴스』 2013. 10. 31.

30　민법 제1000조(상속의 순위). "4촌 이내의 방계혈족"을 4순위 법정상속인으로 규정한 조항에 대해 헌법재판소에서 위헌심사가 이루어진 적이 있다. 헌법재판소는 2018년과 2020년 연이은 결정에서 합헌 판단을 내리며, "혈족상속의 전통은 혈족들이 경제적으로 상호부조하고 깊은 정서적 유대감을 공유하던 과거의 혈족사회에서 유래한 상속법제의 한 원칙이기는 하나, 오늘날 변화된 사회상을 고려하더라도 현대에 이르러 그 의미를 현저히 상실하여 상속권

부여의 기준이 되지 못할 정도에 이르렀다고 보기 어렵다"고 하였다. 헌법재판소 2020. 2. 27. 2018헌가11; 헌법재판소 2018. 5. 31. 2015헌바78.

31 민법 제1112조(유류분의 권리자와 유류분). 유류분제도는 고인의 유언의 자유를 인정하면서도 유족의 생계를 보장한다는 취지로 만들어진 일종의 타협안으로, 재산의 일정 부분을 고인의 의사와 관계없이 '가족'이 받도록 정한 것이다. 배우자와 직계비속은 각각 법정상속분의 2분의 1, 직계존속과 형제자매는 각각 법정상속분의 3분의 1을 유류분으로 받는다. 이경희·윤부찬, 앞의 책 580~83면.

32 곽민희 「한국 상속법상 배우자 상속분의 연혁과 발전: 일본의 상속분 개정 논의와의 비교」, 『국제법무』 11집 1호, 2019, 5~10면.

33 민법 제1003조(배우자의 상속순위) 및 제1009조(법정상속분)

34 「[판결] "홀로 키운 구하라씨 父 '양육 기여분' 인정 ⋯ 유산 6 대 4 분할"」, 『법률신문』 2020. 12. 22; 박지원 「부양의무 해태와 상속결격사유 확대에 관한 입법론」, 『홍익법학』 21권 3호, 2020, 230면.

35 민법 제826조(부부 간의 의무), 제827조(부부 간의 가사대리권), 제832조(가사로 인한 채무의 연대책임).

36 대법원 1993. 5. 11.자 93스6 결정.

37 관련 연구로, 김현경 외 『법이 호명하는 가족의 의미와 한계』, 청년허브 2019 참조.

38 '다양성을 향한 지속가능한 움직임 다움' 『나 같은 사람이 혼자가 아니구나: 2021 청년 성소수자 사회적 욕구 및 실태 조사 결과보고서』, 인디펍 2022, 45면.

39 김순남 『가족을 구성할 권리』, 오월의봄 2022, 123~48면.

40 조사 결과를 구체적으로 살펴보면 다음과 같다. 우선, 동거경험자 전체 3007명을 대상으로 동거가족에 대한 인식을 묻는 항목에 대해서, '결혼에 비해 동거관계에 대한 사회적 편견이 심하다'(75.9퍼센트)를 제외하고 '결혼에 비해 제사, 경조사 등 가족의무에 대한 부담이 적다'(75.6퍼센트), '자녀출산

에 대한 부담이 적다'(74.9퍼센트)가 응답률이 가장 높았다. 다음으로, 현재 동거하고 있는 사람들 1022명의 응답만을 볼 때, 가사노동과 자녀양육·교육을 '둘이 똑같이' 한다는 응답이 각각 70.0퍼센트와 61.4퍼센트였다. 2020년 가족실태조사에서 결혼한 가족의 경우 이 비율이 각각 26.6퍼센트와 39.2퍼센트로 나타나 큰 차이가 있었다. 또 이들은 법률혼 부부의 관계와 비교해 '정서적 유대감 측면에서 동일하다'(83.4퍼센트), '관계의 안정적인 측면에서 동일하다'(70.3퍼센트)는 문항에 동의 비율이 높고, 동거 파트너 관계에 만족하는 비율은 전체의 63퍼센트(남성 64.2퍼센트, 여성 61.7퍼센트)로 나타났다. 이 수치는 2020년 가족실태조사에서 조사된 결혼한 가족의 배우자 관계 만족도 57퍼센트(남성 63.2퍼센트, 여성 50.6퍼센트)보다 높고, 특히 남녀의 만족도 격차에 차이가 있었다(결혼 12.6퍼센트포인트, 비혼동거 2.5퍼센트포인트). 김영란 외 『비혼동거 실태 분석 연구: 2020년 가족실태조사 부가 연구』, 여성가족부 2021, 41~42, 44~45, 54~55, 90~91면.

7장 각본 없는 가족

1 대법원 2006. 6. 22.자 2004스42 결정.

2 대법원 2011. 9. 2.자 2009스117 결정.

3 대법원 2022. 11. 24.자 2020스616 결정.

4 대법원 2011. 9. 2.자 2009스117 결정.

5 독일 연방헌법재판소 1 BvL 10/05 (2008. 5. 27) 판결로, 관련하여 김지혜 외 『성소수자 차별 관련 해외 입법동향 및 사례연구』, 국가인권위원회 2021, 309~10면 참조.

6 독일 연방헌법재판소 1 BvR 3295/07 (2011. 1. 11) 판결로, 같은 책 300~302면 참조.

7 대법원 2011. 9. 2.자 2009스117 결정.

8 현소혜 「가족관계등록제도 시행 10년간의 성과 및 향후의 개선방안」, 『가족법 연구』 32권 2호, 2018, 12~15면.

9 목적별신분등록법제정을위한공동행동 주최로 2005년 4월 14일 국회도서관 에서 열린 증언대회 '호적제도 피해사례 증언발언대: "이등(二等) 국민, 신분 등록제를 말하다"'에서 나온 박영희(당시 장애여성 공감 대표) 활동가의 말 이다. 증언대회 자료집과 속기록은 http://altersystem.jinbo.net/ 참조(2023. 5. 10. 방문).

10 최은아 「가족관계등록부, 국가에 의한 '아웃팅': 가족관계등록법 시행 3개월 만에 피해사례 속속 드러나」, 『인권오름』 97호, 2008. 4. 2.

11 자세한 논의로, 김상용 「2016년 가족관계등록법 개정의 의의와 한계: 등 록사항별 증명서 제도의 개정을 중심으로」, 『중앙법학회』 20권 1호, 2018, 49~78면 참조.

12 대법원 2022. 11. 24.자 2020스616 결정.

13 차선자 「건강가정기본법에 대한 고찰」, 『가족법연구』 18권 2호, 2004, 389~91면. 이외에도 건강가정기본법 제정 직후의 비판적 논의로, 이재경 「한 국 가족은 '위기'인가?: '건강가정' 담론에 대한 비판」, 『한국여성학』 20권 1호, 2004; 김인숙 「건강가정기본법 제정과정에 나타난 가족 및 가족정책 담 론」, 『한국사회복지학』 59권 3호, 2007 등 참조.

14 다이애너 기틴스 『가족은 없다: 가족이데올로기의 해부』, 안호용·김흥주·배 선희 옮김, 일신사 1997 참조.

15 변수정·박종서·오신휘·김혜영 『다양한 가족의 제도적 수용성 제고 방안』, 한국보건사회연구원 2017 참조.

16 윤홍식 「가족의 변화와 건강가정기본법의 대응: 한국가족정책의 원칙과 방 향 정립을 위한 고찰」, 『한국가족복지학』 14권, 2004, 274면.

17 Obergefell v. Hodges, 576 U.S.＿(2015) 판결로, 한글번역본이 『세계헌법재

판동향』 2015 제6호, 헌법재판소 헌법재판연구원 2015, 37~71면에 소개되어 있다. 본문에 언급한 판결문 해당 부분의 내용은 다음과 같다. "모든 당사자들이 동의하였듯이, 많은 동성커플들이 자신의 아이들에게 다정하고 보살핌을 주는 가정을 제공하고 있다. (…) 이는 게이와 레즈비언들도 아이들에게 지원을 아끼지 않는 다정한 가정을 만들 수 있다는 강력한 확인이라고 하겠다. 그러므로 동성커플을 결혼에서 배제하는 것은 결혼할 권리의 중심적 전제와 맞지 않는 것이다. 결혼이 제공하는 인정과 안정, 예측가능성이 없으면 아이들은 자신의 가족이 어딘가 부족하다는 낙인에 시달리게 된다."(45면)

18 아동을 중심으로 한국사회의 가족주의에 관해 논의한 책으로, 김희경 『이상한 정상가족』, 개정증보판, 동아시아 2022 참조.

19 국가지표체계, 합계출산율, https://www.index.go.kr/unify/idx-info.do?pop=1&idxCd=5061 (2023. 5. 10. 방문).

20 김순남 『가족을 구성할 권리』, 오월의봄 2022, 63~71면. 호주제 폐지 전 구 민법 제779조(가족의 범위)에서는 "호주의 배우자, 혈족과 그 배우자 기타 본 법의 규정에 의하여 그 가에 입적한 자는 가족이 된다"고 정했던 것을 현행과 같이 개정한 것이다.

21 '#여성이세상을연다_성평등開憲'과 '성소수자 차별반대 무지개행동' 주최로 2018년 2월 7일 국회에서 열린 '패러다임의 전환 성/평/등' 토론회 자료집에 수록된 이진옥·권수현 「양성평등의 계보화와 그 효과」(3~26면), 박한희 「성소수자 위치에서의 성평등」(27~37면), 나영 「보수 개신교의 '양성평등' 주장을 통해 우리가 짚어보아야 할 것들」(38~44면) 등 참조.

22 김지혜 외, 앞의 책 31~42, 381~83, 392~400면.

23 송효진 외 『개인화 시대, 미래 가족 변화에 대응하는 포용적 법제 구축방안』, 경제·인문사회연구회 2021, 183~98면. 프랑스의 법률혼·연대계약·동거의 제도 비교는, Mariage, Pacs ou concubinage (union libre): quelles différences?, https://www.service-public.fr/particuliers/vosdroits/F14485 (2023. 5. 11. 방

문) 참조.

24 이지효 『독일에서의 동성혼에 관한 헌법적 연구』, 헌법재판소 헌법연구원 2021. 독일은 2017년 동성 간 혼인을 인정함에 따라 이미 성립된 생활동반자 관계는 그대로 두고 당사자의 합의에 따라 혼인으로 전환할 수 있게 하고, 새로운 생활동반자관계는 체결할 수 없게 하였다.

25 김지혜 외, 앞의 책 394~400면.

26 윤진수 『친족상속법 강의』, 제3판, 박영사 2020, 156~59면; 「법률혼과 사실혼」, '찾기쉬운 생활법령정보', 법제처, https://easylaw.go.kr/ (2023. 5. 11. 방문) 참조. .

27 인천지법 2004. 7. 23. 선고 2003드합292 판결.

28 서울고등법원 2023. 2. 21. 선고 2022누32797 판결.

29 대법원 1984. 8. 21. 선고 84므45 판결.

30 윤진수, 앞의 책 148~51면 참조.

31 용혜인 의원 등 11인, 생활동반자관계에 관한 법률안(의안번호 2121647), 2023. 4. 26. 앞서 2014년 진선미 의원이 '생활동반자관계에 관한 법률안'을 준비한 바 있으나 반대에 부딪히며 결국 발의하지 못했다.

32 장혜영 의원 등 12인, 민법 일부개정법률안(의안번호 2122396), 2023. 5. 31; 장혜영 의원 등 15인, 모자보건법 일부개정법률안(의안번호 2122394), 2023. 5. 31; 장혜영 의원 등 14인, 생활동반자관계에 관한 법률안(의안번호 2122404), 2023. 5. 31.

33 장경섭 「가족·국가·계급정치: 가족 연구의 거시 사회 변동론적 함의」, 『사회와역사』 39집, 1993, 231면.

34 OECD, Social Expenditure Database (SOCX), https://www.oecd.org/social/expenditure.htm (2023. 5. 12. 방문). 2022년 기준 한국의 공공부문 지출 수준은 멕시코 7.4퍼센트, 튀르키예 12.4퍼센트, 아일랜드 12.8퍼센트, 코스타리카 14.5퍼센트 다음으로 낮은 수준이다.

35 OECD, *Rejuvenating Korea: Policies for a Changing Society*, OECD Publishing 2019, 24~35면 참조.

에필로그: 마피아 게임

1 KOSIS 통계놀이터, 우리나라 출생아 수, https://kosis.kr/edu/visualStats/detail.do?menuId=M_05&ixId=16 (2023. 6. 23. 방문).

2 조정훈 의원 등 11인, 가사근로자의 고용개선 등에 관한 법률 일부개정법률안 (의안번호 2120819), 2023. 3. 22.

3 「저출생 해결? 비용 저렴? ⋯ 물음표 가득한 외국인 가사노동자 도입」, 『한국일보』 2023. 5. 25.

가족각본

초판 1쇄 발행/2023년 8월 1일

지은이/김지혜
펴낸이/강일우
책임편집/최지수 신채용
조판/박아경
펴낸곳/(주)창비
등록/1986년 8월 5일 제85호
주소/10881 경기도 파주시 회동길 184
전화/031-955-3333
팩시밀리/영업 031-955-3399 편집 031-955-3400
홈페이지/www.changbi.com
전자우편/human@changbi.com